让学术写作事半功倍

秋叶　佘有缘　著

人民邮电出版社

北京

图书在版编目（CIP）数据

秒懂 AI 辅助论文写作 / 秋叶，佘有缘著. -- 北京：人民邮电出版社，2025. -- ISBN 978-7-115-66303-0

Ⅰ．H152.3-39

中国国家版本馆 CIP 数据核字第 2025BF2726 号

内 容 提 要

本书是一本深入探讨 AI 在论文写作中应用的指南。本书通过九章内容，全面介绍如何在论文选题、前言写作、大纲写作、正文写作、数据分析、摘要写作、结语撰写、文稿翻译与润色、答辩 PPT 制作、查重投稿等环节借助 AI 提高效率和质量。本书不仅讨论了 AI 的使用伦理，还针对论文写作的具体问题，提供了提示词示例（已全部收录到秋叶 AI 智能鼠标平台），为论文写作提供了广阔的视角和新的方法。本书可作为缺少学术论文写作经验的大学生或科研人员的参考书。

◆ 著　　秋　叶　佘有缘
　　责任编辑　林舒媛
　　责任印制　王　郁　胡　南

◆ 人民邮电出版社出版发行　北京市丰台区成寿寺路 11 号
　　邮编　100164　电子邮件　315@ptpress.com.cn
　　网址　https://www.ptpress.com.cn
　　廊坊市印艺阁数字科技有限公司印刷

◆ 开本：880×1230　1/32
　　印张：6.125　　　　　　　　2025 年 3 月第 1 版
　　字数：140 千字　　　　　　　2025 年 6 月河北第 2 次印刷

定价：59.80 元

读者服务热线：(010)81055410　印装质量热线：(010)81055316
反盗版热线：(010)81055315

前言

人工智能（Artificial Intelligence，AI）发展如火如荼，在论文写作中已经成为全球科研工作者的高效工具，也引发了关于学术伦理的探讨。

既要坚决拥抱新质生产力，又要看到 AI 技术的局限，以及 AI 被滥用带来的风险。编者编写本书的初衷是让 AI 成为生产力工具，助力提高读者论文写作的水平和质量，使读者免受网络上的各种 AI 论文代写软件诱惑，出现学术不端行为。

本书围绕论文选题、前言写作、大纲写作、正文写作、数据分析、摘要写作、结语撰写、文稿翻译与润色、答辩 PPT 制作、查重投稿等环节，系统展示了 AI 技术的应用。为了高效地帮助读者，本书没有大篇幅解释各种方法的原理，而是针对论文写作的具体问题，提供提示词示例，以快速启发读者。

本书提供了大量参考提示词，涵盖文科、工科、医科等领域，合计 108 个。

这些提示词已经被收录到秋叶 AI 智能鼠标平台，读者可以扫码关注秋叶的公众号，购买秋叶 AI 鼠标（高校版），快速启动论文写作练习，高效完成论文写作。

  本书的提示词全部经过实际测试，适合多学科论文写作参考。读者按照本书方法进行适应性调整，会有更好的效果，可以大大提高论文写作效率。本书是高校老师指导学生论文写作的重要参考书。

  最后，请读者们一定记住，AI 是一把双刃剑，善用有利于提升自我，滥用则弊端重重。本书所介绍的皆为提高论文写作质量的方法，而不是代替论文写作的捷径，无论用多完美的提示词生成的内容也需要仔细甄别后才能借鉴。在使用 AI 辅助论文写作的过程中一定要尊重知识的原创性、恪守学术道德的底线。

秋 叶 佘有缘

2024 年 10 月

目录

第 1 章
AI 时代,开启论文写作新方法 / 1

1.1 用 AI 写论文,是辅助写作,还是触碰红线? / 2
1.2 让 AI 辅助人写论文,而不是替代人写论文 / 6
1.3 写好论文需要了解的 AI 工具 / 8
1.4 本、硕、博各阶段学位论文的区别 / 9
1.5 什么是 AI 幻觉? / 12

第 2 章
AI 辅助寻找合适选题 / 13

2.1 论文选题五大要素 / 14
2.2 论文选题五步法 / 16
2.3 回顾确认,再次优化选题 / 28

第 3 章

万事开头难，AI 辅助轻松搞定前言 / 30

3.1 研究背景与意义怎么写？ / 31
3.2 国内外研究现状和文献综述有何区别？ / 37
3.3 文献整理很麻烦？从检索到分析，AI 帮你提高文献阅读效率 / 38
3.4 综述从何下手？从逻辑到论证，AI 助力让写作更流畅 / 50
3.5 文献引用不规范？AI 帮你来优化 / 56
3.6 研究思路与方法怎么写？AI 辅助掌握写作公式 / 64

第 4 章

AI 辅助大纲与正文撰写，让论文更具逻辑性 / 72

4.1 AI 辅助搭建论文大纲，为正文写作打下坚实的基础 / 73
4.2 AI 辅助制订写作计划，让论文写作不再拖沓 / 77
4.3 论点提炼困难？AI 帮你想办法 / 80
4.4 论证太空洞？AI 助你论证有理有据 / 84
4.5 概念解释太苍白无力？AI 帮你专业化 / 87

第 5 章

AI 辅助论文数据收集与分析 / 92

5.1 AI 辅助数据源调研 / 93

5.2　AI 辅助问卷调查设计 / 96
5.3　AI 辅助访谈提纲设计 / 99
5.4　AI 辅助量化数据分析 / 100
5.5　AI 辅助质性材料分析 / 105

第 6 章

摘要、结语与致谢很关键，AI 辅助撰写更出彩　/ 112

6.1　怎样借助 AI 写出令专家满意的摘要？ / 113
6.2　关键词选择不当？AI 给你提供更好的选择 / 118
6.3　怎样写专家"高赞"的结语？ / 121
6.4　摘要与结语太相似？AI 教你怎么改 / 123
6.5　人机协同撰写致谢 / 126

第 7 章

AI 辅助翻译与润色，让论文更专业　/ 128

7.1　AI 辅助学术翻译的优势在哪里？ / 129
7.2　初稿质量不高？AI 辅助润色 / 136
7.3　论文排版的学术规范要求 / 145
7.4　AI 辅助论文排版，又快又规范 / 151
7.5　防止 AI 辅助写作导致查重率过高的 5 个中肯建议 / 156

第 8 章

AI 辅助论文答辩，让毕业更轻松　/ 158

8.1　妙问 AI，论文秒变 PPT 大纲　/ 159
8.2　使用 AI 一键生成 PPT，提高效率　/ 165
8.3　AI 辅助撰写答辩稿，让答辩胸有成竹　/ 167
8.4　AI 模拟答辩，帮你轻松应对评委提问　/ 169

第 9 章

论文检测与投稿　/ 172

9.1　论文查重常用的网站　/ 173
9.2　反 AI 代写的 AIGC 检测服务系统　/ 178
9.3　使用智能选刊，高效完成论文投稿　/ 180
9.4　AI 辅助撰写投稿信　/ 182

第 1 章

AI 时代,开启论文写作新方法

AI 技术的快速发展，不仅在医疗、科技、教育等领域带来种种创新，也让很多人意识到借助大语言模型的"文生文、文生图"能力，可以帮助自己高效完成各种材料的撰写。论文就是其中一种有挑战性的材料，因为论文发表时间的紧迫性，对结构的逻辑性要求更高，如何用 AI 辅助完成论文写作，就成为很多人关注的重点；同时，如何避免 AI 辅助论文写作对学术伦理的冲击，也是大家共同关心的问题。

1.1 用 AI 写论文，是辅助写作，还是触碰红线？

经常有人会疑惑：以 ChatGPT 为代表的大语言模型是否能够应用于论文写作？答案是可以。

任何时代，避免出现学术不端问题的根本导向是**要维护学术诚信和保护知识的原创性**。之所以有研究者会触碰学术红线，其原因在于研究者主观上无视科学研究和学术创作的种种规则，使用工具来帮助其实现剽窃他人学术成果的目的，而此类工具不仅包括 AI，还包含以往一切可以提供和转移知识的工具。我们不能阻止任何先进工具的产生和使用，但是我们可以控制其在合理的范围内为己所用。

那么为了厘清用 AI 写论文是否触碰红线，我们首先要回答这三个问题：学术不端的认定范围是什么？ AI 生成的内容是否可信？ AI 生成的内容是否存在版权问题？

问题一：学术不端的认定范围是什么？

只有清楚地知道学术研究的红线在哪里，才能够在行为上主动去规避。根据教育部颁发的《高等学校预防与处理学术不端行为办法》中的第二十七条，以下行为被认定为学术不端：

（1）剽窃、抄袭、侵占他人学术成果；

（2）篡改他人研究成果；

（3）伪造科研数据、资料、文献、注释，或者捏造事实、编造虚假研究成果；

（4）未参加研究或创作而在研究成果、学术论文上署名，未经他人许可而不当使用他人署名，虚构合作者共同署名，或者多人共同完成研究而在成果中未注明他人工作、贡献；

（5）在申报课题、成果、奖励和职务评审评定、申请学位等过程中提供虚假学术信息；

（6）买卖论文、由他人代写或者为他人代写论文；

（7）其他根据高等学校或者有关学术组织、相关科研管理机构制定的规则，属于学术不端的行为。

AI 辅助论文写作已经成为一个新颖的学术现象并引起了广泛关注。2024 年 1 月，华北电力大学研究生院发布通知，明确该校将引入 AIGC（AI Generated Content，人工智能生成内容）检测服务系统，对所有申请学位研究生的学位论文进行检测，抵制 AI 代写论文的行为。2024 年 4 月，湖北大学、福州大学、南京工业大学、天津科技大学等高校相继发布通知，称将在本科毕业生毕业论文审核过程中试行加入对文章使用生成式 AI 风险情况的检测。其中，湖北大学明确，如发现论文检测结果为"AI 代写高风险"，教师应指导学生进行修改。福州大学强调，检测结果将作为成绩评定和优秀毕业论文评选的参考依据。这一变化反映了学术界对于 AI 的深刻认识和积极应对态度。对 AI，一禁了之并不可取，规范使用才是趋势。

问题二：AI 生成的内容是否可信？

今天我们谈到的 AI 写作，背后的技术是大语言模型（Large Language Model，LLM），简称大模型，它基于机器深度学习和自然语言处理（Natural Language Processing，NLP）技术，从大量的文本数据中学习语言模式并使用这些模式来生成新的文本。

如图 1-1 所示，黑色区域是人类已知的知识，蓝色区域代表用来训练大模型的语料，而广阔的白色区域，则代表所有的人类未知的知识。训练大模型的语料，是人类所有已知知识的一部分。当大模型需要生成一个答案时，如果所需的知识（蓝色区域）不足，它会自行推理，依据旧知识推理出所需部分。让人们惊叹的大模型最厉害的能力之一就是这种逻辑推理能力。大模型拥有强大的逻辑推理能力，是因为它从训练语料中发现了一些文字之下的底层规律，我们不妨把这部分规律也视为一种知识。有了这些训练得来的知识，大模型就可以完成不同任务，根据提示做推理，生成逻辑性很强的文本内容。

图 1-1　大语言模型语料训练范围

如果推理出来的这部分与黑色区域的知识相符，我们会说："哇，AI 太强大了！"如果推理出来的这部分与黑色区域的知识不相符，我们就会说："哎，AI 有点蠢！"

AI 生成的内容是具有一定可信度的，同时也不可避免会出现一些"瑕疵"，如重复率过高、语言表达生硬等。为了提高内容的真实性，使用者可以通过数据投喂、提示词调整、AI 检测、人工校正等方式来降低出错率。

问题三：AI 生成的内容是否存在版权问题？

关于这个问题，可以从两个方面来分析，一方面是输入的内容是否构成侵权，另一方面是输出的内容是否具有版权。

根据《生成式人工智能服务管理暂行办法》第七条规定，大模型开发公司如果想通过算法备案，就必须使用具有合法来源的数据和基础模型，如果涉及知识产权，则不得侵害他人依法享有的知识产权。换句话说，只有数据本身没有侵权，才能通过算法备案。这也就意味着对 AI 用户来说，不管素材是在模型端，还是在数据传输环节，只要出现了版权问题，不会因为二次加工或者庞大的用户群，就让已经出现的侵权问题消失。

关于 AI 生成内容版权的界定，参考北京互联网法院对（2023）京 0491 民初 11279 号案件的审理过程与判决，主要通过分析人类（作品作者，或者版权许可的所有人）在 AI 生成中的过程性行为（人类做了什么）来判断作品（在法律范围内被认定为"作品"）是否属于能够得到版权保护的独创性智力成果（强调具有独创性，且为智力成果）。

因此，用户在使用 AI 工具的过程中一是要使用合法的素材，二是要增加原创性的智力投入。如果你的论文完全依赖 AI 生成内容，没有原创的思路，没有任何原创的素材，那么就可以认为你的论文是 AI 代写的，这不仅存在版权问题，而且是一种学术不端行为。

1.2 让 AI 辅助人写论文，而不是替代人写论文

论文是研究者展示研究成果、阐述学术观点、分享实验数据和分析结果的重要表现形式，具有科学性、创新性、严谨性等特征。因此，在学术论文的撰写和发表过程中必须严格遵守学术规范，恪守学术道德。

AI 辅助论文，不是代替研究者凭空生成学术内容，也不是帮助研究者搬运他人的研究成果，那么 AI 辅助论文写作到底可以发挥什么样的作用呢？

1. AI 为你答疑解惑

当你在写论文时对某个理论或者知识点感到困惑和不解时，你可以把大模型当作一个巨大的知识库，来获取你所需要的答案。这种答疑解惑方法相较于传统的用搜索引擎搜索，省去了信息筛选和甄别的环节，AI 将直接根据你输入的内容推断你的意图，给出尽可能贴合你的需求的结果。你还能通过对话给予反馈，让 AI 调整答案，直到你满意为止。

2. AI 为你提供合理建议

当你认为你的论文出现题目太宽泛、论文结构逻辑较为混乱、论点之间衔接不太自然等问题时，AI 可以充当你的导师或者评审专家，从学术的角度对你的论文题目、结构和论点等方面进行点评，并给出优化的建议。甚至，在你灵感枯竭时，AI 可以为你打开新的思路，围绕你的选题提供更多参考方向。大到论文框架的搭建，小到一个词语的应用，AI 都能成为论文写作的好帮手。

3. AI 为你改进语言表达

当你认为你的论文存在口语化较为严重、语法使用不当或者存在

不易识别的错别字等问题时，AI 可以充当一个善于文字编辑的专家，在不改变原有意思的基础上，帮助你优化语句表达，使其更加专业化、学术化，也会为你快速识别论文中的语法错误和错别字，减少非智力因素的错误，提高论文的写作水平和质量。

4. AI 为你检索文献信息

在论文写作中，文献下载、阅读、分析是一个需要耗费时间和精力的工作环节，当你觉得查找文献没有方向且非常耗时耗力时，你可以让 AI 根据你的研究方向为你推荐文献。当你感到逐一地阅读文献并提炼核心观点的过程非常烦琐和低效时，可以借助 AI 的文献分析功能，让 AI 为你精准地分析出文献的结构和核心观点，并提供可视化的结果。

5. AI 为你提升写作效率

对不擅长论文写作的新手来说，痛苦的不是写作，而是写作过程中的绞尽脑汁、度日如年。当你感到论据太干瘪，分析内容不够饱满时，或者当你感到你的论文废话太多，需要精简时，你可以将 AI 视为你的"外置大脑"，让 AI 按照规定的范式进行扩写、缩写和改写，使论文具有前后一致的行文风格。

6. AI 为你改进论文排版

字体、行距、字号、参考文献的格式等都会影响论文的规范性，因此，按照指定要求进行排版成为论文写作中一个非常重要的工作。当你由于论文篇幅较长，格式要求较为繁杂，排版过程中还总是出错而感到力不从心时，可以让 AI 充当你的助手，帮你排版和校对，而你只需要做微调。

总之，AI 辅助论文写作的过程并不是在"代写"，而是在思考、检索、分析、编辑、校对等环节帮助你提升效率。在这些环节中，AI 可以扮演专业人士的角色，为你的论文提供建议，帮助你改进语言和风格。但是，它并不能取代你在论文写作中所需的批判性思维、创新性和严谨的研究。

1.3 写好论文需要了解的 AI 工具

"兵马未动，粮草先行。"想要学会使用 AI 工具辅助论文写作，就要提前了解各类有助于提升写作效率的 AI 工具。本书为大家整理了可以运用于各个场景的工具（如表 1-1 所示），方便大家提前熟悉各类工具的主要特性。

表 1-1 论文写作 AI 工具汇总

场景分类	推荐工具	使用说明
智能问答 知识检索	ChatGPT、Copilot、Claude、文心一言、讯飞星火、通义千问、智谱清言、新华妙笔、豆包	这类工具具备通用的内容生成功能，一般会提供插件和小助手辅助 AI 理解不同的场景需求，如文心一言的插件商城和讯飞星火的助手中心
学术翻译	DeepL Pro、CNKI 翻译助手	这类工具通常支持翻译 Word、PDF 形式的文档，可以对方言、习语、文言文、学术论文等内容进行机器翻译，并且准确率和流畅度都非常高
文献检索 文献分析 网页分析	Consensus、Research Rabbit、秘塔 AI 搜索、通义智文、Kimi	这类工具支持网页阅读、论文阅读、图书阅读和自由阅读等功能

续表

场景分类	推荐工具	使用说明
会议记录	通义效率、飞书妙记	这类工具支持实时语音转文字,同步翻译,智能总结要点,音视频转文字并区分发言人,一键导出等功能
数据分析	镝数图表	镝数图表的数生文功能提供八大常见分析维度,包括数据趋势、综合分析、数据对比、维度解释、相关性分析、数据要点、异常识别、分布分析等,全方位辅助产出分析结论
思维导图	妙办画板	这类工具支持 AI 一键生成流程图,具有简单拖动和智能配色功能
PPT 制作	AiPPT、iSlide、讯飞智文	这类工具可根据文本、Word 文档或者视频一键生成 PPT,讯飞智文还支持根据 PPT 生成演讲稿
图片生成	Midjourney、Stable Diffusion、通义万相、腾讯混元	这类工具支持根据文本生成图片、根据图片生成图片、将图片解析为提示词等功能
论文排版	SCISPACE、橙篇	提供定制化的论文模板和自动修改格式的工具,帮助研究人员快速且有效地创作出符合目标期刊和出版商的特定格式要求的作品

1.4 本、硕、博各阶段学位论文的区别

论文的种类较多,比如学位论文、会议论文、科研论文等,由于

学科的不同或发表单位的特殊要求，同类型论文也会出现一些差异。本书以覆盖面最广、最常见的学位论文为例，简单地分析本、硕、博各阶段学位论文的一些区别，方便读者对照要求写作。

1. 总字数要求

- 本科论文通常要求 10 001~20 000 字。
- 硕士论文通常要求 20 001~50 000 字。
- 博士论文通常要求 50 001~100 000 字。

2. 深度和广度

- 本科论文通常要求对一个特定的主题进行研究。
- 硕士论文通常要求对一个细分领域进行深入地探索和分析。
- 博士论文通常要求具有较强的创新性和原创性，需要在特定的领域做出特殊贡献。

3. 研究方法和数据处理

- 本科论文通常要求基于理论和文献进行文献综述，通过调查、观察和实验等方式收集原始数据。
- 硕士论文通常要求运用先进的研究方法进行数据收集和分析。
- 博士论文通常要求运用创新性的研究方法和复杂的数据处理技术。

4. 结构组织

- 本科论文通常需要按照学院或专业的要求组织结构，一般包括引言、方法、分析和结果等部分。
- 硕士论文通常需要更多的章节和更复杂的结构以体现研究的广

度和深度，以及对专业领域知识的深入掌握。

- 博士论文通常具有多章节，每章不仅需要独立展现研究的深度，而且要与其他章节紧密相连，不同章节之间要体现逻辑性和连贯性，以反映研究者在学术领域的创新性和系统性思考。

5. 文献综述和引用要求

- 本科论文通常要求学生对相关文献进行参阅和汇总，没有特别高的引用要求。
- 硕士论文通常要求学生对相关文献进行深入的分析和批判性思考，具有较高的引用要求。
- 博士论文通常要求学生展现出对相关领域文献阅读的严谨性和全面性，要求引用高质量的文献。

6. 参考文献数量

- 本科论文对参考文献的数量要求相对较低，一般要求十数篇。
- 硕士论文对参考文献的数量要求相对较高，一般要求几十到上百篇。
- 博士论文的参考文献数量要求较为严格，一般要求几百篇。

本、硕、博各阶段的学位论文在文本形式、研究深度和论文框架等方面有着一定的区别，但是万变不离其宗，都要遵循学术写作的基本原则。

本书介绍的 AI 辅助论文写作的大部分功能是通用的，提问的框架和逻辑是一致的，而在使用的过程中最大的区别在于提示词的角色、任务和要求的设定。因此，掌握提问逻辑就显得非常关键，而本书也将尽可能在提示词上给予读者最大限度的启发。

1.5　什么是 AI 幻觉？

有些读者在使用 AI 的时候会发现 AI 并不是那么聪明，甚至还有一点不靠谱。比如它会胡说八道、给出的参考文献根本不存在，甚至输出有害信息，这种现象称为 AI 幻觉。

所谓 AI 幻觉，是指由于训练数据不足和算法漏洞等，AI 模型生成看似合理，实际与事实不符或与用户需求不符的内容。本书对 AI 幻觉进行了总结（如表 1-2 所示），辅助读者在使用 AI 的过程中识别 AI 幻觉并及时进行更正。

表 1-2　AI 幻觉的分类、表现及案例

分类	表现	案例
生成不准确的信息	生成内容的总体思路可能是正确的，但具体内容却是不准确的	微软的 Copilot 在分析某些品牌的收益时，生成的财务数据不准确
生成捏造的信息	生成完全虚构、没有事实根据的内容	2023 年 6 月，一名律师利用 ChatGPT 创建了一份法律文书，其中充斥着虚假的判例法和引文
生成有害的信息	可能生成关于真人的诽谤内容	当被问及法律中的性骚扰问题时，ChatGPT 捏造了对一位真实存在的教授的指控，称其在一次学校旅行中进行了性骚扰。实际上这位教授从未有过性骚扰行为，也没有参加过这样的旅行
生成怪异或恐怖的信息	生成非常怪异或令人毛骨悚然的内容	微软的 Copilot 有时会表现出一些奇特的行为，比如向用户表达爱意和对用户施压

很多公司通过优化系统来减少 AI 幻觉，但是，就像人类也会偶尔出错一样，AI 犯错也是不可避免的。我们不能因为存在 AI 幻觉，就否定 AI 的能力，它仍然能够很好地为人类工作。从用户的角度来看，减少 AI 幻觉可以从学习使用优质的提示词开始。

第 2 章

AI 辅助寻找合适选题

想写好论文，要先从选题开刀。

什么是论文选题？这是所有论文写作者在开始选题工作前需要首先明确的问题。简单来说，论文选题是指选择一个研究领域内值得探讨的问题，它必须具备一定的学术价值、原创性、可行性和重要性，它将决定整篇论文的主题。

论文写作者要重视论文选题，不能和历史选题重复，缺乏新意。既结合了专业知识，又与时俱进地与最新设计项目结合的选题，才是好选题。

如果选题不恰当，可能会导致研究方向与学科发展趋势或实际需求脱节，使研究成果缺乏前沿性和实用性，论文当然也难以获得认可。

合适的论文选题是研究成功的关键。那么 AI 是否能起到帮助？答案是肯定的。

要提前强调一点，本书介绍的提示词对不同学科都有一定的辅助作用。虽然选择的案例也许和你的学科关系不大，但是理解了思路就可以举一反三，不管用哪种大模型，都能帮你提高论文写作效率。

2.1 论文选题五大要素

论文选题有五大要素需要慎重考虑，分别是研究对象或领域、研究目的或问题、研究视域或视角、研究方法，以及研究假设。

1. 研究对象或领域

研究对象或领域是论文选题的焦点，指打算研究的具体对象或领域，可以是一个行业、一个社会现象、一种技术、一段历史等。选择一个明确的研究对象或领域可以帮助你确定研究的范围，并确保研究具有一定的可行性和针对性。

> 案例：关于"社交媒体对青少年心理健康的影响"的研究，研究领域很明显是青少年心理健康，而不是社交媒体；如果是关于"青少年心理问题对社交媒体传播的影响"的研究，研究领域就是社交媒体传播，而不是青少年心理问题。

2. 研究目的或问题

研究目的或问题应该是具体、明确且可操作的，以便研究者能够集中精力进行探索。

> 案例：在关于"社交媒体对青少年心理健康的影响"的研究中，研究问题是社交媒体究竟是如何影响青少年心理健康的。

3. 研究视域或视角

研究视域或视角是研究者用来观察和解释研究对象的领域或角度，通常包括社会背景、学科领域及某种特定的理论或概念模型等。它决定了研究的理论基础和分析方法。

> 案例：针对上述案例，研究者可能采用心理学视角，使用社会比较理论和认知行为理论来解释社交媒体对青少年心理健康的影响。

4. 研究方法

研究方法涉及数据收集、分析和解释的过程。它包括定性研究、定量研究、混合研究方法，以及实验、调查、观察、内容分析等具体研究手段。选择合适的研究方法有助于保证研究的科学性和可信度。

> 案例：针对上述案例，研究者可能采用定量方法，通过问卷调查收集数据，并运用统计分析来评估社交媒体与青少年心理健康之间的关系。

5. 研究假设

研究假设是基于现有理论和文献提出的待验证的预期结果，是对研究问题的一种预设答案，为研究提供了明确的方向。研究假设只是对研究问题的推测性回答，还需要通过实证研究来验证其是否正确。

> 案例：在上述案例中，研究假设可能是"高频使用社交媒体与青少年的焦虑和抑郁水平正相关"。

那么怎么确定这五大要素？别担心，现在就是 AI 帮你解决困惑的时候。

2.2 论文选题五步法

在 AI 的帮助下逐一确定论文选题五大要素，就是论文选题五步法，如图 2-1 所示。

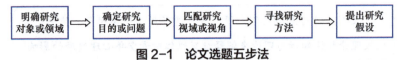

图 2-1 论文选题五步法

第一步：明确研究对象或领域。

一般来讲，论文的研究对象或领域与研究者所在的专业高度相关。因此在论文选题尚无雏形，需要"从无到有"找到方向时，研究者首先需要充分考虑自己的专业与擅长的领域。

就本科生来说，有人是汉语言专业的，有人是计算机专业的，有人是金融专业的……一个大的专业领域又包含许多小的子领域，就像石榴与石榴籽一样，AI 的优势便是能极快地为研究者搜寻大量可能的研究子领域。

研究者通过与 AI 交互，输入关于个人兴趣、学科背景以及初步研究想法的描述，AI 可以根据这些信息生成相关领域的研究趋势概览、关键词和潜在研究子领域，帮助研究者细化研究兴趣点。

研究者可以参考如下提示词模板帮自己明确研究对象或领域。

> 我是一位专注于[×× 专业或学科领域]的研究者，在这一领域里，我对[×× 主题]的研究很感兴趣。现在请你根据我提供的信息，为我列出 × 个潜在的研究选题领域作为我的论文写作方向。注意，这一阶段你只需给出可能的选题领域，无须给出研究问题等其他信息。

模板只是一种引导 AI 生成结果的手段，研究者必须补充自己的真实需求与情况才能使它发挥作用。信息越详细，结果符合需求的可能性越高，示例如下。

> **❓ 问：**
> 我是一位专注于**天文气象学**的研究者，在这一领域里，我对**中国气候变化**的研究很感兴趣。现在请你根据我提供的信息，为我列出 10 个潜在的研究选题领域作为我的论文写作方向。注意，这一阶段你只需给出可能的选题领域，无须给出研究问题等其他信息。
>
> **💬 AI 回答：**
> 天文气象学是一个跨学科领域，它结合了天文学和气象学的知识来研究

> 地球气候系统及其变化。以下是 10 个潜在的研究选题领域，这些领域可以作为您论文写作的方向：
>
> 1. 中国季风气候的长期变化
>
> 2. 近几十年中国极端天气事件
>
> 3. 中国不同地区气候变化
>
> 4. 中国城市化进程与局部气候
>
> 5. 中国青藏高原气候变化
>
> 6. 中国近海区域气候变化
>
> 7. 中国北方沙尘暴事件
>
> 8. 中国南方地区夏季高温热浪事件
>
> 9. 冰川退缩和中国气候
>
> 10. 中国气候变化与生物多样性和生态系统服务
>
> 这些选题领域覆盖了气候变化对不同方面的影响，同时考虑了不同地理区域的特点。您可以根据自己的兴趣和研究背景选择一个或多个领域进行深入研究。

AI 很快给出了 10 个潜在研究选题领域。这些精准、细分的子领域对研究者起到了重要的思考启发作用。

大家可以依据本书提供的各种提示词模板，结合自己的专业深入提问；还可以举一反三，设计新的提示词，比如让 AI 提供学术界的研究方向给自己做参考。

第二步：确定研究目的或问题。

如果说研究对象或领域是学术研究的"舞台"，那么研究的目的或问题便是聚光灯之下的"演员"。正是通过对问题的深入探索和对目标的明确设定，研究者得以在舞台上展示自己的才华，为解决现实问题、推动学科进步贡献力量。

表 2-1 所示为常见研究问题类型。

表 2-1 常见研究问题类型

类型	定义	特征
描述性问题	描述现象、事件或者情况的特征和属性	着重阐述"是什么",不涉及原因或者解释
解释性问题	分析现象、事件或者情况的原因、机制或者影响因素	着重阐述"为什么"或"如何",解释原因或者规律
预测性问题	探究现象、事件或者情况的未来发展趋势或者结果	着重阐述"将会发生什么",预测未来的发展方向或者结果
比较性问题	探究不同情况或者对象之间的差异性、相似性或者关联性	着重阐述"哪一个更好"或"有何不同",进行跨组织或跨时期的比较分析
应用性问题	探究研究成果如何应用于实践或者解决实际问题	着重阐述"如何应用",将研究成果转化为实际应用或者建议
评价性问题	评估特定政策、项目或者措施的效果和影响	着重阐述"怎么样"或"是否有效",对政策、项目或者措施进行评价和改进

研究问题类型很多,每个角度都能作为一个研究方向。研究者可以通过下面的提示词让 AI 高效生成某一研究领域的待研究问题。

> 我正在为自己[研究领域]的论文设计研究问题,请你从下面 6 个角度出发,各生成一个可能的研究问题。你需要确保问题具有一定的深度和挑战性,能够为学术界和实践提供有价值的研究方向。
> 1. 描述性问题

2. 解释性问题

3. 预测性问题

4. 比较性问题

5. 应用性问题

6. 评价性问题

现在试试将上文中 AI 生成的研究选题领域"中国季风气候的长期变化"代入提示词,看看 AI 怎么说。

> **问:**
> 我正在为自己 [中国季风气候的长期变化] 的论文设计研究问题,请你从下面 6 个角度出发,各生成一个该领域可能的研究问题。你需要确保问题具有一定的深度和挑战性,能够为学术界和实践提供有价值的研究方向。
>
> **AI 回答:**
> 以下是针对"中国季风气候的长期变化"这一研究主题,从 6 个不同角度生成的研究问题。
>
> 1. 描述性问题
> 中国季风区的降水模式有何长期变化趋势,这些变化趋势与全球气候有何关联?
>
> 2. 解释性问题
> 导致中国东部季风区夏季降水量异常增多或减少的主要气候机制是什么?
>
> 3. 预测性问题
> 基于当前的气候变化模型,未来五十年内中国季风气候将如何变化,这些变化对农业生产有何潜在影响?

4. 比较性问题

中国南方与北方季风气候的长期变化是否存在显著差异，这些差异背后的物理原因是什么？

5. 应用性问题

如何利用中国季风气候长期变化的研究成果改进区域水资源管理和农业种植策略？

6. 评价性问题

现有的气候模型在模拟中国季风气候长期变化方面的准确性如何？存在哪些局限？如何提高这些模型的预测能力？

这些研究问题以期为学术界提供新的研究方向，并为实际气候适应和缓解措施提供科学依据。

可以看到，AI 从 6 个角度分别设计出相应的研究问题，这些问题探讨了中国季风气候长期变化的多方面特征，包括历史趋势、成因、未来趋势、区域差异、实际应用以及模型评估等。研究者可从中受到启发，选择合适的研究问题。

第三步：匹配研究视域或视角。

研究视域通常指的是研究的领域或范围，即研究者关注的具体学科或主题。它定义了研究的边界和研究问题所属的学科领域。研究视域可以非常广泛，如自然科学、社会科学、人文科学等，也可以是具体的子领域，如心理学、经济学、历史学等。

研究视角是指研究者在进行研究时所采取的特定角度或方法。它涉及研究者如何观察和分析问题，以及选择使用的理论和概念模型等。

常见的研究视域或视角如表 2-2 所示。

表 2-2 常见的研究视域或视角

类别	内容	描述
视域	社会背景	如历史时期、文化环境、政治经济状况等，为研究提供宏观环境框架
	理论体系	如马克思主义理论、后现代主义理论等，提供分析问题的宏观理论框架
	学科领域	如心理学、社会学、经济学等，定义研究的基本理论和方法论框架
视角	理论视角	基于特定理论，如认知理论、行为主义、建构主义等，指导数据收集和分析的具体方向
	概念模型	如生态系统理论、权力关系理论、社会资本理论等，用于解释和理解研究现象
	分析角度	如性别视角、跨文化视角、批判性视角等，侧重于从特定维度审视研究问题
	方法视角	从定量研究、定性研究或混合研究方法视角，决定数据收集与分析的方法和工具

向 AI 介绍你的研究问题后，可以直接询问："针对某个具体研究问题，有哪些相关的理论或概念模型可以作为研究视角？"

AI 将根据问题的特性推荐相关的研究视角，可能是社会学理论、心理学理论、经济学模型等。

可以参考如下研究视域或视角提示词模板。

> 1. 我正在撰写 [研究领域] 的相关论文，针对 [研究问题]，有哪些相关的社会背景、学科领域或理论体系可以作为研究视域？请简要说明每个视域的核心观点和适用范围，以便我更好地理解和选择。
> 2. 我正在撰写 [研究领域] 的相关论文，针对 [研究问题]，有哪些相关的理论或概念模型可以作为研究视角？请简要说明每个视角的核心观点和适用范围，以便我更好地理解和选择。

下面还是用"中国季风气候的长期变化"试试提示词的使用效果。

> **? 问：**
>
> 我正在撰写中国季风气候的长期变化的相关论文，针对中国季风区降水模式的长期变化趋势及其与全球气候的关联性问题，有哪些相关的理论或概念模型可以作为研究视角？请简要说明每个视角的核心观点和适用范围，以便我更好地理解和选择合适的理论或概念模型进行研究。
>
> ---
>
> **AI 回答：**
>
> 在研究中国季风区降水模式的长期变化趋势及其与全球气候的关联性问题时，以下是几个可能适用的理论或概念模型。
>
> 1. 全球季风动力学理论
>
> **核心观点**：全球季风动力学理论强调太阳辐射、地球轨道参数、下垫面性质和"海—陆—气"相互作用在季风形成和变化中的重要性……
>
> **适用范围**：适用于分析和理解全球季风系统的长期变化，尤其是……
>
> 2. 超大陆旋回理论
>
> **核心观点**：该理论认为，全球季风系统的演化与大陆的面积、位置及裂解度变化密切相关……
>
> **适用范围**：适用于研究地质时间尺度上，如千万年级别的季风变化，尤其是……
>
> 3. 全球季风模式比较计划（Global Monsoons Model Intercomparison Project，GMMIP）
>
> ……
>
> 4. 亚洲中部干旱区气候变化的"西风模态"理论
>
> ……

AI 提供了多个理论作为研究的视角。理论的多样性可以帮助研究者从不同角度审视问题，增加研究的深度和广度。为了更加深入地研究，研究者还可以追问，探索每个理论的具体细节和应用案例。下面的一组追问提示词模板可以达到这些目的。

> 1. 这些不同理论存在哪些差异和局限性？
> 2. 在应用这些理论进行研究时，有哪些关键的研究步骤或方法论建议？
> 3. 目前在[研究领域]最新的理论或研究趋势有哪些？
> 4. 能否结合[理论A]和[理论B]的元素，创建一个综合视角来研究[研究问题]？

第四步：寻找研究方法。

凡事都要讲方法，写论文同样如此。选择合适的研究方法是确保研究有效性和可靠性的重要步骤。论文写作中常见的研究方法大致可以分为三大类：定量研究、定性研究和混合研究。

定量研究侧重于通过数值和统计分析来测试假设、验证理论或描述现象。**定性研究**关注深入理解现象的本质、意义和背景，常用于探索性研究。**混合研究**结合定量和定性研究，旨在通过两种方法的互补优势，获得更全面、深入的研究结果。常见的研究方法如表2-3所示。

表2-3 常见的研究方法

类别	具体研究方法	描述
定量研究	实验法	在控制条件下操纵变量，观察因果关系
	调查法	通过问卷、访谈等方式收集大量可量化的信息
	观察法	记录和分析可量化的现象或行为信息
	内容分析	对非数值数据进行系统编码和量化分析
	二次数据分析	重新分析已有的数据集以发现新信息

续表

类别	具体研究方法	描述
定性研究	访谈法	通过开放式问题深入探讨主观经验与看法
	民族志研究	深度参与观察，理解文化和社会现象
	个案研究	深入分析单个或少数案例的详细情况
	叙事分析	分析文本以理解个人经历和意义建构
	话语分析	研究语言的使用，揭示权力、结构和意识形态
混合研究	并发设计	同时使用定量与定性研究进行数据收集与分析
	序贯设计	先定性研究后定量研究或先定量研究后定性研究，相互补充
	转换设计	根据研究进展从一种方法转向另一种方法

将上述常见的研究方法化为己用，可以转变为下面的提示词模板。

> 我正在撰写[研究领域]的相关论文，我计划以[研究视域或视角]来[研究问题]。请你根据我提供的研究信息，向我推荐契合的研究方法。研究方法可以包括定量研究、定性研究和混合研究。但不需要每一个类别都涉及，只需要最契合的研究方法。
> 你向我提供的每个研究方法要足够具体，具备可操作性，让我可以直接运用在论文研究中。

把"中国季风气候的长期变化""全球季风动力学理论""中国季风区降水模式的长期变化趋势及其与全球气候的关联性"等代入模板，来看一看 AI 能否回答我们的问题。

结果还不错。

问：

我正在撰写 [中国季风气候变化领域] 的相关论文，我计划以 [全球季风动力学理论] 来研究 [中国季风区降水模式的长期变化趋势与全球气候的关联性] 问题。请你根据我提供的研究信息，向我推荐契合的研究方法。可以包括定性研究、定量研究和混合方法研究。但不需要每个类别都涉及，只需要最契合的研究方法。此外，你向我提供的每个研究方法要足够具体，具备可操作性，让我可以直接运用在论文研究中。

AI 回答：

在研究中国季风区降水模式的长期变化趋势与全球气候的关联性问题时，考虑到全球季风动力学理论的复杂性和历史数据的局限性，以下是几种可能适合您的研究方法。

1. 统计分析

方法描述：对收集到的气候数据进行统计分析，以识别降水模式的变化趋势。

可操作性：运用时间序列分析、趋势分析、周期性分析等统计方法来处理和解释数据。

2. 地理信息系统（Geographical Information System，GIS）分析

方法描述：利用 GIS 技术来分析降水模式的空间分布和变化。

可操作性：收集空间数据，使用 GIS 软件进行空间分析，识别降水模式的空间变化特征。

3. 比较研究

方法描述：将中国季风区的降水模式与其他地区的降水模式进行比较，以理解其在全球气候中的作用。

> 可操作性：收集中国季风区和其他地区的气候数据，进行比较分析，找出相似性和差异性。
> 4. 案例研究
> 方法描述：选择特定的时间段或地区作为案例，深入研究其降水模式的变化。
> 可操作性：确定案例研究的范围和目标，收集详细的数据，进行深入分析。

第五步：提出研究假设。

研究假设是连接研究问题与研究设计的桥梁，为研究者提供了一个明确的探索目标。在论文研究的早期阶段确定一个研究假设对后续的一系列研究与调查都很有帮助。

一般论文研究中会有很多类型的假设可以选择，包括因果假设、相关假设、差异假设等。如果不熟悉这些研究假设的类型也无须担心，只需向AI提问即可，参考提示词模板如下。

> 我正在撰写[研究领域]的相关论文，我计划以[研究视域或视角]来[研究问题]。请你根据我提供的信息，对我的研究结果做出初步的研究假设，并说明理由。

同样以季风研究问题为例，简单套用提示词模板就可以得到结果。

> ❓ 问：
> 我正在撰写中国季风气候的长期变化的相关论文，我计划以全球季风动力学理论来研究"中国季风区降水模式的长期变化趋势及其与全球气候的关联性"问题。请你根据我提供的信息，

对我的研究结果做出初步的研究假设，并说明理由。

AI 回答：
基于您提供的信息，我们可以构建一个初步的研究假设。
中国季风区降水模式的长期变化趋势与全球气候变化之间存在显著的相关性。
这个初步假设需要通过收集和分析相关数据，运用统计分析等多种方法进行验证。同时，考虑到季风系统的复杂性，可能需要考虑多种因素和变量，以确保研究结果的准确性和可靠性。

2.3 回顾确认，再次优化选题

自此论文选题的五大要素已在 AI 的帮助下一一确定，研究者可以先整合通过 AI 帮助得到的论文写作思路，如表 2-4 所示。

表 2-4 我的论文选题五大要素

要素	描述
研究对象或领域	中国季风气候的长期变化
研究目的或问题	中国季风区降水模式的长期变化趋势及其与全球气候的关联性
研究视域或视角	全球季风动力学理论
研究方法	统计分析、地理信息系统分析、比较研究、案例研究
研究假设	中国季风区降水模式的长期变化趋势与全球气候变化之间存在显著的相关性

研究者应该积极主动对照表格仔细确认是否有遗漏，尤其需要发挥自己的学科知识检查是否有错误之处。当然，在这一步同样可以借助 AI 查漏补缺、提出建议。

回顾检查提示词模板如下。

> 我是一名 [研究身份]，正在设计自己的论文选题。下面我将向你发送我的论文选题五大要素，请你自行阅读并对照下面的要求进行评估。
> 1. 该论文选题是否足够完整？
> 2. 该论文选题难度是否符合我的 [研究身份]？
> 3. 你是否还有其他论文选题的建议需要补充？

集齐了论文选题五大要素，就像为长途旅行准备好了行囊，研究者可以整装待发，向研究之旅进发。

第 3 章

万事开头难，AI 辅助轻松搞定前言

前言又可称为绪论或引言，在硕士、博士论文中一般都以绪论来命名，不论是前言还是绪论、引言，都是为了在论文正文之前交代你为何要写这篇论文、本文的研究具有何种意义（理论意义、现实意义）以及你是如何写作本文的（研究内容、研究方法）等。

由于前言内容较多，为了提高写作的质量，建议读者根据前言的结构和内容，分步骤实现 AI 辅助撰写。

3.1 研究背景与意义怎么写？

研究背景与意义用于在论文中介绍你的研究领域及研究的重要性，并提供目前该研究领域的相关背景信息，采取引用关键文献的方式来展示你对该领域的深入理解。

研究背景与意义可以按以下顺序展开：描述社会大背景—介绍行业小背景—剖析当前存在的问题—引入研究内容—阐明研究意义。

本节以"环保建筑材料"的相关选题为例，示范如何使用 AI 撰写研究背景和意义。

1. 描述社会大背景

社会大背景体现的是本研究领域在国际和国内社会中的重要性，可以使研究更具说服力和吸引力。在此部分中，可以引用国家政策文件、强调社会需求和问题以及关注人民福祉等。如果需要 AI 进行辅助，可以参考以下提问方式。

> 问：
> 我需要撰写关于建筑材料的研究背景，请你扮演建筑材料领域研

究专家,为我提供相关社会背景信息,来说明建筑材料对当今社会的重要性。

AI 回答:

作为建筑材料领域的研究专家,我深知建筑材料在社会发展中的重要性。以下是我为你提供的相关社会背景信息,用于说明建筑材料对当今社会的重要性。

一、经济增长与建筑材料

在当今社会,经济增长和基础设施建设是密不可分的。建筑材料作为基础设施建设的基石,对促进经济增长具有关键作用。无论是住宅、商业建筑还是公共设施……

二、可持续发展与绿色建筑材料

随着全球气候变化和环境污染问题日益严重,可持续发展已成为各国政府和社会各界关注的焦点。在建筑领域,绿色建筑材料作为实现可持续发展的重要手段之一……

三、安全性与耐用性

建筑材料的安全性和耐用性直接关系到建筑物的使用寿命和人员的生命财产安全。因此,建筑材料的质量和性能一直是人们关注的焦点……

四、智能化与创新

随着智能化技术的不断发展,建筑材料也呈现出智能化、创新化的趋势。智能建筑材料能够感知环境变化和人员需求,实现自动调节、智能控制等功能……

五、社会文化影响

建筑材料不仅是技术产品,还承载着丰富的社会文化意义。不同的建筑材料可以反映不同的地域特色、历史文化和审美观念……

2. 介绍行业小背景

介绍行业小背景是在社会大背景的基础上,阐述研究细分领域的发展状况,这部分内容包括行业发展政策、行业前景、行业问题等,通过强调研究在行业内的实践价值,来证明研究的重要性。如果需要 AI 进行辅助,可以参考以下提问方式。

> **问:**
> 请你扮演建筑材料领域研究专家,基于建筑材料的社会背景,提供与环保型建筑材料相关的行业背景和数据支撑,来说明这种材料的重要性和优势。
>
> **AI 回答:**
> 首先,随着全球气候变化的加剧和人们环境保护意识的增强,建筑行业作为能源消耗和碳排放的主要领域之一,面临着巨大的减排压力。环保型建筑材料作为一种新型的建筑材料,以其低能耗、低碳、可循环利用等特点成为建筑行业实现绿色发展的主要途径。
>
> 行业背景方面,随着城市化进程的加速和人们对居住环境要求的提高,建筑行业对建筑材料的需求不断增加。同时,政府也出台了一系列政策,鼓励和支持环保型建筑材料的研发和应用……
>
> 数据支撑方面,我们可以从以下几个方面来看。
>
> 1. 能源消耗:相比传统建筑材料,环保型建筑材料在生产过程中消耗的能源更少。据统计,采用环保型建筑材料建设的建筑,其能源消耗可降低 20%~30%……
>
> 2. 碳排放:环保型建筑材料具有较低的碳排放量。例如,某些环保型建筑材料在生产过程中能够吸收和储存二氧化碳,从而降低建筑物的碳排放量。据统计,采用环保型建筑材料建设的建筑,其碳排放量可降低 30%~50%……

3.资源利用：环保型建筑材料在生产和使用过程中能够充分利用可再生资源和废弃物……

4.健康影响：传统的建筑材料在生产和使用过程中可能会释放有害物质，对人体健康造成威胁。而环保型建筑材料则采用环保的生产工艺，对人体健康更加友好……

综上所述，环保型建筑材料在当今社会具有非常重要的地位和作用，其低能耗、低碳、可循环利用等特点，有助于推动建筑行业实现绿色发展，降低能源消耗和碳排放量……

3. 剖析当前存在的问题

剖析研究领域存在的问题，并描述问题的严重性，可以凸显当前研究的必要性和紧迫性。这部分内容可以包括问题的影响范围、程度和后果等方面。如果需要 AI 进行辅助，可以参考以下提问方式。

问：
请你扮演建筑材料领域研究专家，根据我提供的社会背景和行业背景，剖析当前在环保型建筑材料研究领域存在的问题或局限性。

AI 回答：
作为建筑材料领域的研究专家，针对你提供的社会背景和行业背景，我认为当前在环保型建筑材料研究领域确实存在一些问题和局限性。

首先，技术成熟度与成本效益是环保型建筑材料行业面临的主要挑战。尽管许多环保型建筑材料在理论研究和实验阶段展现出了优越的性能，但在大规模生产应用时，由于技术的不成熟和成本的限制，往往难以被市场广泛接纳……

其次,环保型建筑材料的性能稳定性和耐久性也是当前研究的重点。由于环保型建筑材料在原材料、生产工艺等方面的特殊性,其性能稳定性和耐久性往往难以与传统建筑材料相媲美……

再次,环保型建筑材料的标准化和规范化程度不足也是当前存在的问题。由于环保型建筑材料种类繁多,性能各异,缺乏统一的行业标准和规范,因此市场上的产品质量参差不齐……

此外,环保型建筑材料的普及和推广也面临着一些挑战。一方面……;另一方面……,需要政府、企业和社会各界的共同努力来推动其发展。

最后,环保型建筑材料的研究和应用还需要考虑其全生命周期的环境影响。从原材料的开采、生产、运输、使用到废弃处理,环保型建筑材料需要在整个生命周期内都保持其环保性能……

综上所述,当前在环保型建筑材料研究领域存在的问题和局限性主要体现在技术成熟度与成本效益、性能稳定性和耐久性、标准化和规范化程度不足、普及和推广难度以及全生命周期的环境影响等方面。针对这些问题和局限性,需要加强技术研发和创新、完善行业标准和规范、加强政策引导和支持以及增强公众环保意识等,以推动环保型建筑材料的健康发展。

4. 引入研究内容

在完成背景介绍和问题剖析之后,需要对研究的基本情况进行简单介绍,包括本研究的创新之处和预期解决的问题等。如果需要 AI 进行辅助,可以参考以下提问方式。

 问:
请你扮演建筑材料领域研究专家,根据我提供的社会背景、行业背景和研究领域的问题,提出解决办法,并以[本文考虑××因素,基于××理论,构建了××模型,提出了××方法,研究了××问题]的结构进行输出。社会背景:[插入社会背景];行业背景:[插入行业背景];研究领域的问题:[插入研究领域的问题]。

AI 回答:
本文考虑环保型建筑材料的技术成熟度、成本效益、性能稳定性、耐久性、标准化与规范化程度以及普及推广难度等因素,基于可持续发展理论和循环经济理论,构建了环保型建筑材料综合评估模型,提出了技术创新与成本优化方法,研究了环保型建筑材料推广策略与全生命周期的环境影响问题。

5. 阐明研究意义

研究意义可以从多角度进行阐述,包括新颖的研究视角、跨学科的研究方法以及实证支持等方面;也可以通过提出创新性的解决方案,来突出项目的独特性和前瞻性,从而展现其价值和意义,这非常有助于使你的研究更加具有说服力。如果需要 AI 进行辅助,可以参考以下提问方式。

问:
请你扮演建筑材料领域研究专家,根据我提供的研究背景和研究内容,撰写研究意义,并以[本文的研究结果揭示了××规律,完善了××理论方法,推动了××的应用与实践,促进了××发展

（科学意义与社会意义）］的结构输出。研究背景：［插入研究背景］；研究内容：［插入研究内容］。

AI 回答：

本文的研究意义在于深入探讨了环保型建筑材料的推广策略及其全生命周期的环境影响问题，这不仅揭示了建筑材料领域的主要规律，进一步完善了相关的理论方法，还推动了环保型建筑材料的普及与应用，进而促进了建筑行业以及社会的可持续发展。

从科学意义上来看，本研究通过系统分析环保型建筑材料的推广策略，揭示了其在市场推广过程中可能遇到的挑战与机遇……这些研究成果不仅丰富了建筑材料领域的理论体系，也为后续研究提供了有价值的参考。

从社会意义上来看，本研究对于推动环保型建筑材料的普及与应用具有重要意义……同时，研究成果还可以为政府部门制定相关政策提供科学依据，促进环保型建筑材料在建筑行业中的广泛应用，从而推动建筑行业的绿色发展和社会的可持续发展。

3.2 国内外研究现状和文献综述有何区别？

在实际的开题报告或论文撰写中，研究现状和文献综述经常会被合并讨论，二者之间的界限并不十分明显。撰写时，不仅应总结前人的研究成果，还应对这些成果进行综合分析，从中提炼出有价值的见解和研究思路，为自己的研究定位和设计提供理论支撑。

文献综述是对特定领域或专题现有文献的系统性搜集、整理、分析和评价，旨在反映当前学科发展的最新动态、学术观点、研究趋势、创新成果以及潜在的研究方向。文献综述要求作者不仅要全面梳理相关领域的研究进展，还需要通过批判性思维，对文献中的观点和发现进行客观评价，指出现有研究的不足，从而为自己的研究定位和创新点提供坚实的理论基础。

研究现状通常指的是对特定领域或课题在国内外的研究成果和发展态势的概述，更多的是对现有研究成果的客观陈述，不一定包含深入的批判性分析或评价。撰写研究现状的目的是使研究者对该领域的现状有一个清晰的认识，理解研究的发展脉络，以便在此基础上规划和开展新的研究工作。

在论文写作中，无论是撰写文献综述还是研究现状，都要求研究者具备较强的文献检索能力、批判性思维能力以及逻辑表达能力。通过对现有文献的深入分析，研究者能够确立自己研究的出发点，明确研究的创新点和价值，这对于研究顺利进行以及研究成果获得认可都具有重要的意义。以下是撰写研究现状或文献综述的基本步骤。

系统性文献检索—文献筛选与评估—摘要整理与归纳—批判性分析与评价—结构化呈现—综合与总结—引用参考文献。

通过上述步骤，研究者可以撰写出既有深度又有广度，且具有独立思考和创新观点的研究现状或文献综述。这不仅能够展示研究者对研究领域的深刻理解，也能够为后续的研究工作提供坚实的研究基础和理论支撑。

3.3 文献整理很麻烦？从检索到分析，AI帮你提高文献阅读效率

阅读大量前人的研究成果是开展学术研究的重要步骤，梳理研究现状，有助于研究者厘清研究思路，找到可以借鉴的研究经验和

值得进一步研究的突破口。AI 能帮助研究者找到文献整理工作的新方法。

第一步：文献检索与分类。

以秘塔 AI 搜索为例，如果研究者需要检索"数字经济"相关主题的学术文献资料，在提问之前选择"学术"来源，可以实现更加精准的在线检索。否则，AI 检索的文献可能是虚构的。提示词示例如下。

> **问：**
>
> 请你扮演经济学研究领域的专家，为我推荐相关学术论文，数量至少 10 篇。我的论文研究主题是"数字经济对制造业发展的影响研究"。
>
> ---
>
> **AI 回答：**
>
> 根据你的研究主题"数字经济对制造业发展的影响"，我推荐以下学术论文和书籍，这些文献涵盖了从理论到实证分析的多个方面：
>
> 1. 数字化转型对制造业企业价值的影响研究——以三一重工为例
>   - 作者：席然
>   - 发表日期：2023-06-01
>   - 研究内容：研究了数字化转型对制造业企业价值的影响及其作用机制
>
> 2. 制造业数字化转型动机、模式与成效——基于典型案例和问卷调查的实证分析
>   - 作者：陈楠，蔡跃洲，马晔风
>   - 发表日期：2022-06-13
>   - 研究内容：基于典型案例和问卷调查的实证研究，讨论了数字化转型对企业生产率的影响。
>
> 3. 数字经济发展对中国制造业的影响研究
>   - 作者：董婉璐，李慧娟，杨军

- 发表日期：2022-12-30
- 研究内容：基于可计算一般均衡模型的价值链分析，探讨了数字经济的发展对中国制造业的影响。

......

8. 数字经济影响经济高质量发展的综述与展望
   - 作者：钞小静，王宸威
   - 发表日期：2023-06-20
   - 研究内容：从理论框架到中国情境的系统性分析，探讨了数字经济如何促进经济高质量发展。

9. 数字经济对就业的影响研究
   - 作者：王紫薇
   - 发表日期：2023-05-20
   - 研究内容：研究了数字经济发展对就业总量和就业结构的影响机制。

10. 加速推动数字经济创新与规范发展
    - 作者：赵剑波，杨丹辉
    - 发表日期：2019-11-10
    - 研究内容：讨论了数字经济面临的挑战与对策，以及如何更好地利用数字技术促进经济发展。

这些文献将为你提供关于数字经济如何影响制造业发展的多角度视野，并帮助你深入理解这一领域的最新研究成果。希望这些推荐对你有所帮助！

除了学术文献，当研究者需要参考与研究领域相关的新闻、重大事件、网络文章或该领域的发展脉络时，也可以通过向 AI 提问实现高效的检索，AI 将迅速为读者找到主题的相关信息。以下示例供读者参考。

? 问：

请你扮演经济学研究领域的专家，为我寻找与研究主题相关的典型案例或政策文件，我的论文研究主题是"数字经济对制造业发展的影响研究"。

AI 回答：

关于您的论文研究主题"数字经济对制造业发展的影响研究"，可以关注以下几个方面的典型案例和政策文件。

1. 宁德时代的数字化转型：宁德时代作为行业领先的动力电池研发制造公司，实现了从"制造"到"智造"的转变。该公司通过系统升级、万物互联、数据赋能和 AI 助力，优化了生产方式，提高了生产效率和产品质量，成为智能制造领域的标杆。

2.《数造新实体——数字技术赋能实体经济案例研究（2023 年）》蓝皮书：该蓝皮书收录了 16 个具有行业典型性、先进性的数实融合案例，涵盖了人工智能、大数据、云计算等数字技术在多个产业方向的创新应用。

3.《"十四五"智能制造发展规划》：该规划由八部门联合印发，旨在加快建设制造强国、质量强国，推进新型工业化，加快数字化转型。

4.《数字经济 2024 年工作要点》：由国家发展改革委办公厅、国家数据局综合司印发，提出深入推进产业数字化转型、推动完善数字经济治理体系等 9 方面举措。

5.《制造业数字化转型行动方案》：国务院常务会议审议通过的方案，指出制造业数字化转型是推进新型工业化、建设现代化产业体系的重要举措，提出加快核心技术攻关和成果推广应用等。

6.《"十四五"数字经济发展规划》：国务院印发的规划，明确了数字经济发展的指导思想、基本原则、发展目标等，强调了数据要素市场

> 化、产业数字化转型、数字产业化等方面的发展。
>
> 这些案例和政策文件提供了丰富的信息和数据,有助于深入分析数字经济对制造业发展的影响,为您的论文研究提供实证基础和政策背景。

在撰写论文时,可以结合上述关键信息,深入分析数字经济对制造业发展的影响,以及在此过程中面临的挑战和机遇。同时,也可以探讨数字经济在制造业发展中的最佳实践和成功经验,为未来的工作提供参考和借鉴。除以上提示词,研究者还可以参考以下提示词模板,让 AI 帮助自己进行参考文献的检索。

> 1. 请利用学术搜索工具搜寻过去 5 年内关于 ×× 的学术文章和研究报告。
> 2. 请列举 ×× 领域的关键研究人员及其主要贡献。
> 3. 请指出 ×× 领域中的新兴作者及其独特的研究视角。

第二步:文献筛选与下载。

在通过 AI 查找到相关文献后,研究者可以进一步登录与中国知网(简称"知网")类似的数据库平台进行筛选和下载自己所需要的文献。在中国知网中既可以下载全文,也可以下载文章的摘要(如图 3-1、图 3-2 所示)。操作步骤如下:

输入主题"数字经济对制造业发展的影响研究"—按照"被引"从高到低排序—选择自己需要的文献—选择"导出与分析"—"导出文献"—"自定义"—勾选"Summary- 摘要"—预览—复制到剪贴板。

图 3-1 中国知网的文献检索与下载（1）

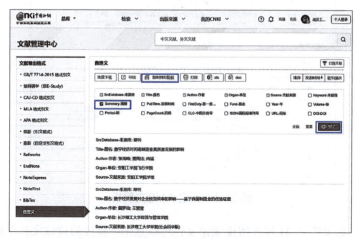

图 3-2 中国知网的文献检索与下载（2）

第三步：文献阅读和分析。

目前很多 AI 具备文献阅读和分析的功能，可以实现快速整理和提炼文献的核心内容，不仅可以对单独的某篇文章进行分析，还可以

第 3 章　万事开头难，AI 辅助轻松搞定前言　| 43

同时对比分析多篇文章。

以腾讯元宝 AI 为例，在对话框里上传一篇论文，再点击"发送"按钮（如图 3-3 所示），元宝 AI 即可开始阅读，并生成详细的阅读报告，如图 3-4 所示。

图 3-3　元宝 AI 对话框

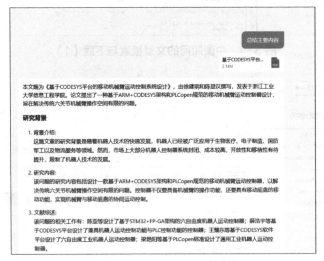

图 3-4　元宝 AI 论文解析

如果需要 AI 深度阅读该论文，可以点击"深度阅读该文档"按钮。目前，"深度阅读该文档"模式提供了总结文章（如图 3-5 所示）、精读文章（如图 3-6 所示）、制作脑图（如图 3-7 所示）3 个功能，可以实现带字、带图、带数据总结全文、制作完整的论文精读笔记和详细的文章脑图。

总结　精读　脑图　　　　　　　　　　　　　　下载　分享

全文总结

本文题为《基于CODESYS平台的移动机械臂运动控制系统设计》，由徐建明和陈显汉撰写，发表于浙江工业大学信息工程学院。

研究背景

1. 背景介绍：
   这篇文章的研究背景是针对传统六关节机械臂操作空间有限的问题，提出了一种基于移动底盘和Elfin05机械臂的移动机械臂运动控制系统设计。随着机器人技术的快速发展，机器人已经广泛应用于生物医疗、电子制造、国防军工以及物流服务等领域。然而，市场上大部分机器人控制系统封闭、成本较高、开放性和移植性有待提升，限制了机器人技术的发展。

2. 研究内容：
   该问题的研究内容包括：基于ARM+CODESYS架构和PLCopen规范设计移动机械臂控制器；建立移动机械臂的正运动学和逆运动学模型；设计分布式控制模块；设计人机交互界面；并通过实验验证控制器的有效性。

3. 文献综述：
   该问题的相关工作有：陈亚等设计了基于STM32+FP-GA架构的六自由度机器人运动控制器；薛浩宇等基于CODESYS平台设计了集机器人运动控制功能与PLC控制功能的控制器；王耀东等基于CODESYS软件平台设计了六自由度工业机器人运动控制器；梁艳阳等基于PLCopen标准设计了通用工业机器人运动控制器。

研究方法

这篇论文提出了基于ARM+CODESYS架构和PLCopen规范的移动机械臂运动控制器设计。具体来说：

- 运动学建模：
  - 采用改进的D-H法对机械臂进行运动学建模，建立了机械臂的正运动学方程。
  - 通过坐标变换矩阵将机械臂和移动底盘组合在一起，建立了整体的运动学模型。

- 逆运动学求解：
  - 采用关节角参数化解析法简化移动机械臂的冗余度，将原本待求的9个变量变换成六自由度机械臂逆运动学求解问题。

图3-5　元宝 AI 总结文章

总结　精读　脑图　　　　　　　　　　　　　　下载　分享

1. 研究问题：本文旨在解决传统六关节机械臂操作空间有限的问题，设计一款基于CODESYS平台的移动机械臂运动控制器，以实现移动底盘与机械臂的协同运动，增加机械臂的可操作空间。

2. 研究难点：该问题的研究难点包括：如何建立移动机械臂的正运动学模型和逆运动学模型，如何设计高效的运动控制功能模块，以及如何实现移动底盘与机械臂的协同运动控制。

3. 相关工作：相关工作包括基于STM32+FPGA架构的六自由度机器人运动控制器设计，基于CODESYS平台的机器人控制器设计，以及基于PLCopen标准的工业机器人运动控制器的设计与实现。

研究方法

这篇论文提出了基于ARM+CODESYS架构和PLCopen规范的移动机械臂运动控制系统设计，用于解决传统六关节机械臂操作空间有限的问题。具体来说：

1. 正运动学模型建立：首先，根据MD-H参数与坐标变换思想建立机械臂的正运动学模型。MD-H参数包括关节角度、连杆偏距、连杆转角和连杆长度。通过坐标变换矩阵将机械臂各关节和移动底盘组合在一起。

2. 逆运动学求解：基于关节角参数化解析法对移动机械臂的冗余度进行逆运动学求解。具体方法是通过人为设定某些关节已知，将原本待求的9个变量变换成六自由度机械臂逆运动学求解问题。公式如下：

$$^0_6T = \begin{bmatrix} n_x & o_x & a_x & p_x \\ n_y & o_y & a_y & p_y \\ n_z & o_z & a_z & p_z \\ 0 & 0 & 0 & 1 \end{bmatrix}$$

其中，$n_x, o_x, a_x, p_x, n_y, o_y, a_y, p_y, n_z, o_z, a_z, p_z$ 分别为法线矢量、方向矢量、接近矢量和原点矢量。

图3-6　元宝 AI 精读文章

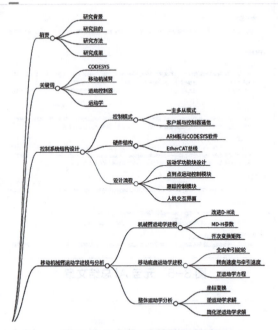

图 3-7 元宝 AI 制作脑图

此外，AI 工具也可以实现同时阅读与分析多篇论文。以 Kimi AI 为例，上传整理好的 10 篇论文摘要，并通过提示词即可调用 AI 的文献阅读和分析功能，效果如下。

> **问：**
> ［上传论文摘要］以上是 10 篇论文的摘要，请你以表格的形式总结这些文献中的核心内容，包括研究对象、研究理论/视角、研究方法、创新点等。
>
> **AI 回答：**
> 以下是根据提供的 10 篇论文摘要，以表格形式总结的核心内容。

序号	题目	研究对象	研究理论/视角	研究方法	创新点
1	数字经济驱动制造业高质量发展的影响效应研究	环渤海、长三角、粤港澳大湾区和成渝-关中四大区域	技术创新效率提升与技术创新地理溢出	随机前沿生产函数模型和中介效应模型	从双重视角出发，分析数字技术与制造业技术创新效率提升的耦合效应
2	数字化对中国制造业高质量发展的影响研究	制造业上市公司	要素投入、要素协同、产业融合、技术创新和制度安排	文本挖掘分析技术、固定效应模型等	构建四维度的制造业高质量发展分析框架，探索数字化驱动理论机制
3	数字经济背景下数据要素对制造业高质量发展的影响研究	省级面板数据	数据要素对制造业高质量发展的直接效应和中介效应	实证分析	构建全国统一的数据要素市场，优化资本配置
4	数字经济驱动中国制造业转型升级研究	制造业产业链空间布局	国内国际双循环新发展格局	GIS空间分布图、熵值法等	分析数字经济驱动下的制造业产业链空间布局重构
5	数字经济对制造业高质量发展的影响	制造业上市公司	创新投入和人均创利	熵值法、工具变量法	揭示数字产业化、产业数字化对制造业高质量发展的影响
6	数字经济发展对我国制造业升级的影响	省级面板数据	人力资本积累、企业成本降低和技术创新	熵权法、面板数据实证分析	研究数字经济对制造业升级的区域及行业异质性

续表

序号	题目	研究对象	研究理论/视角	研究方法	创新点
7	数字经济发展对制造业企业资源配置效率的影响研究	制造业上市公司	城市数字经济发展	面板固定效应法和工具变量法	拓展宏观资源配置效率测算框架，考察不同条件下的影响
8	数字经济对中国制造业高质量发展的影响研究	省级面板数据	线性效应、非线性效应和约束机制	面板数据分析	探讨数字经济的非线性动态影响及区域协同联动发展
9	数字经济背景下中国制造业转型升级研究	中国制造业	技术创新、资源要素和市场需求	熵权法、因子回归分析法	构建三层理论分析框架，分析数字经济对制造业的影响
10	数字经济对珠三角制造业升级的影响研究	珠三角制造业	制造业聚集、增加值、劳动生产率等	主成分分析法、回归分析	研究数字经济对珠三角制造业升级的影响及区域差异

请注意，表格中的"研究理论/视角""研究方法""创新点"是基于摘要内容的简要推断，具体的研究理论框架、方法论和创新点可能需要详细阅读全文才能准确把握。此外，由于摘要信息有限，表格内容可能未能涵盖所有细节。

如果想要对单篇论文进行精读，可以尝试通过以下提示词来让 AI 进行分析。

❓ 问：

请你根据上传的文档,以表格的形式分析下列问题,表格有两列,维度为问题、答案。其中问题如下。

1. 这篇文章主要提出了什么问题?
2. 这篇文章里用了什么新颖的解决方法?
3. 如何使用最简单的表达方式,一步一步介绍这篇文章描述的实现步骤细节?
4. 这篇文章里的方法与其他方法有何不同之处?
5. 这篇文章提到的效果相比于其他方法在哪些指标维度有所提升?
6. 这篇文章提到的方法有哪些不足,下一步展望的方向是什么?

💬 AI 回答:

问题	答案
这篇文章主要提出了什么问题	文章主要探讨了在媒体融合背景下,如何做好新闻宣传工作的问题
这篇文章里用了什么新颖的解决方法	文章提出了基于媒体融合的新闻宣传工作新样态,包括内容生产多样化、传播渠道融合互联……
如何使用最简单的表达方式,一步一步介绍这篇文章描述的实现步骤细节	1. 内容生产多样化;2. 传播渠道融合互联;3. 受众参与度提升;4. 传统媒体思维革新
这篇文章里的方法与其他方法有何不同之处	文章强调了媒体的深度融合,不仅仅是技术层面的融合,还包括内容、受众体验等多维度的融合

续表

问题	答案
这篇文章提到的效果相比于其他方法在哪些指标维度有所提升	文章没有明确提到具体的提升指标，但可以推断提升指标可能包括信息传播的即时性、受众的参与度、内容的多样性和个性化服务等
这篇文章提到的方法有哪些不足，下一步展望的方向是什么	文章没有明确指出方法的不足之处，但可以推测下一步可能需要探索如何更有效地利用新技术，以及如何进一步提高受众参与度和个性化服务水平

从 AI 的回答可以看出，通过 AI 工具阅读和分析文章的优势显而易见，不仅可以节省大量的时间，还能为研究者提供研究文献的新角度。此外，针对同一篇文章，也可尝试变换角度去提问，以得到不一样的答案。参考提示词如下。

> 1. 这是一篇论文，请你帮我分析这篇文章的结构，包括研究对象、研究问题、研究理论、研究方法和研究结论。
> 2. 这是一篇论文，请你帮我分析作者的偏见、价值观或隐含假设。

3.4 综述从何下手？从逻辑到论证，AI 助力让写作更流畅

有了前面的文献检索、筛选和阅读分析过程，文献综述的写作就会变得水到渠成。文献综述一般包含综述对象、文献综合、文献述

说、文献评论及文献空白等内容，研究者在提问的过程中应围绕文献综述的基本内容对提示词进行调整。

1. 文献分类与主题的编排

文献分类过程是提炼论点的过程，分类的标准可以作为线索被加工成学术化的观点。面对数量庞大的文献，我们该如何使用 AI 来辅助分类呢？以下是提示词示例。

> **问：**
> 根据我提供的文献，撰写一个文献综述的框架。要求按照一定的标准对文献进行分类并列出各个类别的标题，只需提供一级标题，不需要引言。我的选题是"数字经济对制造业发展的影响研究"。
>
> **AI 回答：**
> 根据您提供的文献，以下是针对"数字经济对制造业发展的影响研究"的文献综述框架：
> 1. 数字经济与制造业创新融合
> 2. 数字化转型的制造业绩效
> 3. 数据要素的制造业牵引作用
> 4. 区域数字化与产业升级
> 5. 资源配置效率的数字化影响
> 6. 全球价值链中的数字经济角色
> 7. 非线性效应与空间异质性
> 8. 制造业转型升级的综合因素
> 9. 区域案例研究
> 10. 政策建议与发展趋势

> **追问：**
> 请你将以上标题优化成论文文献综述部分的学术观点。

> **AI 回答：**
> 以下是优化后的一级标题，以作为论文文献综述部分的学术观点：
> 1. 数字经济与制造业创新的协同演进
> 2. 数字化转型对制造业绩效的多维影响
> 3. 数据要素在制造业发展中的核心作用
> 4. 区域数字化进程中的制造业升级动态
> 5. 数字化对制造业资源配置效率的优化机制
> 6. 数字经济在制造业全球价值链中的重塑效应
> 7. 数字经济影响的非线性特性与区域发展差异
> 8. 制造业转型升级的多元驱动因素分析
> 9. 特定区域数字经济对制造业升级的实证研究
> 10. 面向数字经济的制造业发展策略与前景
>
> 这些标题经过优化，更具有学术性和专业性，能够更好地反映文献综述的深度和广度。在实际撰写时，在每个标题下应进一步展开详细的分析和讨论。

通过上述问答我们可以发现，初次提问得到的答案有一定的缺陷，在表达上缺乏学术性，于是通过追问的方式，让 AI 进行了再次生成，得到的答案更加符合预期。总之，以上只是提供了一个基本的框架，文献综述的具体标题要根据所读的文献进行微调或增减。

2. 文献论点与论证的组织

确定论点后，研究者可以围绕论点展开论证，一般情况下，论点的展开采用总分或者总分总的结构，总起的关键句对下文的展开起到了重要作用。关键句可以从文献中提炼得到，也可以借助 AI 得到。

> **问：**
> 请你用一个关键句概括"数据要素在制造业发展中的核心作用"。
>
> **AI 回答：**
> 数据要素作为制造业发展的核心驱动力，通过促进信息流通、优化决策过程、提高生产效率和创新能力，正重塑制造业的生产方式和价值创造模式。
>
> **问：**
> 请你担任经济学领域专家，参考刚刚学习的 10 篇论文摘要，根据"数据要素在制造业发展中的核心作用"这一论点展开文献综述，并添加出处注，出处注格式为（作者，年份）。
>
> **AI 回答：**
> 数据要素在制造业发展中扮演着核心角色，这一点在多篇文献中得到了强调和深入探讨。数据不仅作为制造业的一个独立要素存在，而且通过数字化实现了与传统发展要素的跨时空结合，催生了制造业中的新业态（龙帼琼，2022）。数据要素的直接参与和与技术、资本、劳动等传统要素的融合，显著促进了制造业的高质量发展（王德祥，2022）。
>
> 在技术创新方面，数据要素通过提升技术创新效率和促进技术创新地理溢出，加强了制造业的创新能力和核心竞争力。徐星等（2023）通过实证分析发现，数字技术与制造业技术创新效率提升存在耦合效应，并能够通过专业化分工形成技术创新的空间效应。此外，数据要素还通过优化人力

> 资本结构、降低融资成本等机制赋能制造业创新加强（龙帼琼，2022）。
> ……
> 综上所述，数据要素在制造业发展中的核心作用体现在促进技术创新、提升资源配置效率、推动产业升级和形成新业态等方面。随着数字经济的深入发展，数据要素的重要性将进一步增强，成为推动制造业转型升级的关键力量。

3. 文献评价与总结的写作

文献评价与总结是文献综述中的最后一个部分，篇幅较短，但是分量很重。研究者需要对已有的文献进行总体分析，并点出研究领域的局限或空白。如果需要利用 AI 撰写文献评价，可以参考下列提示词。

> **❓ 问：**
> 请将自己设定为一个专业的文献综述作者，根据我提供的文献信息，参考以下句式，形成一段完整的文献评价。
> 以往研究对 A 问题做出了富有洞见的探讨，但是在研究方法 / 研究理论 / 研究角度 / 研究案例 / 研究数据 / 研究情景 / 研究时间等方面存在不足，基于此，本研究将从另一个补足性视角进行深入研究。
> [插入相关文献列表或领域描述]
>
> **AI 回答：**
> 以往研究对数字经济与制造业高质量发展之间的关系做出了富有洞见的探讨，尤其是在技术创新效率提升、数字化转型、数据要素作用等方面

提供了多维度的分析。然而，在研究方法、理论框架、案例选择、数据时效性等方面存在一定的局限性。随着数字经济的快速发展和制造业转型升级需求的日益迫切，现有研究在全面性和前瞻性方面显得力有不逮。例如，部分研究集中于宏观层面的分析，缺乏对不同地区、不同所有制企业数字化转型路径的深入探讨；一些研究侧重于短期效应，未能充分考虑长期趋势和潜在的非线性影响；此外，随着新一代信息技术的不断涌现，对制造业影响的动态性和复杂性需要更精细的实证分析。

基于此，本研究将从以下几个补足性视角进行深入研究：首先，将采用更为全面的指标体系和更新的数据集，以捕捉数字经济对制造业高质量发展的最新影响；其次，将运用更为先进的计量经济模型和方法，如面板数据分析、中介效应模型等，以揭示数字经济影响制造业的内在机制和路径；再次，将关注不同地区、不同规模和不同所有制企业的异质性，探讨数字经济对制造业转型升级的差异化影响；最后，将结合国内外最新的政策动向和技术发展趋势，对制造业的未来发展进行前瞻性分析，以期为政策制定者和业界提供更具指导意义的参考。

除了采用以上提问方法可以得到关于文献评价的总结，还可以从其他角度进行提问，让 AI 给出更有创新性的回答。以下提示词示例供读者参考。

1. 请你将自己设定为一个专业的文献综述作者，你擅长整合和分析特定学术领域内的研究成果，以及识别不同研究间的共识与分歧。请根据我提供的 [插入相关文献列表或领域描述]，撰写一个文献评价与总结段落。该段落应概述该领域内的主要研究成果，反映不同研究间的共识与分歧，并指出现有研究的空白。

2. 请将自己设定为一个专业的文献综述作者，根据我提供的文献信息

[插入相关文献列表或领域描述]，从分析、批评和创新点三个方面展开文献评价的撰写。

3.5　文献引用不规范？AI 帮你来优化

在文献综述部分，可能会出现文献引用不规范的情况，如提供的文献不真实、正文引注格式不规范、参考文献列表与要求不符等。请看下面的示例。

> **❓ 问：**
>
> 请你担任经济学专家，将关键句"数据要素作为制造业发展的核心驱动力，通过促进信息流通、优化决策过程、提高生产效率和创新能力，正重塑制造业的生产方式和价值创造模式"丰富成完整的文献综述段落。要求：在正文相应位置标注引用，并在正文最后列出你所依据的参考文献。

> **Ⓐ AI 回答：**
>
> 在当今数字经济蓬勃发展的背景下，数据要素已成为制造业转型升级不可或缺的核心驱动力。它不仅促进了信息的高效流通与共享（李华，2021），还通过深化数据分析与优化决策过程，显著提升了制造业企业的生产效率和创新能力（王强，2022）。具体而言，数据要素的应用使得企业能够实时监控生产流程，及时发现并解决潜在问题，从而实现了生产过程的精细化管理和资源的优化配置（张涛，2020）。此外，基于大数据的市场需求预测与供应链优化，不仅减少了库存积压和浪费，还增强了企业对市场变化的快速响应能力（赵雷，2021）。更重要的

是，数据驱动的创新研发模式不仅加速了新产品的上市速度，还提升了产品的市场竞争力和附加值（刘芳，2022）。因此，数据要素正以前所未有的方式重塑着制造业的生产方式和价值创造模式，推动制造业向智能化、绿色化和服务化方向转型。

参考文献：

[1] 李华. 数据要素驱动制造业转型升级的路径研究 [J]. 工业经济论坛，2021, 8(4): 12-20.

[2] 王强. 数据要素在制造业高质量发展中的作用机制分析 [J]. 经济与管理研究，2022, 43(3): 78-89.

[3] 张涛. 数据流通对制造业供应链效率的影响研究 [J]. 管理现代化，2020, 40(2): 65-72.

[4] 赵雷. 基于大数据分析的制造业生产效率提升策略研究 [J]. 科技管理研究，2021, 41(15): 187-194.

[5] 刘芳. 数据驱动的企业决策优化研究 [J]. 商业经济研究，2022, (10): 102-105.

为了确认 AI 引用的文献是否真实可靠，可以进行追问，追问提示词如下。

问：
以上文献是真实存在的吗？

AI 回答：
以上文献并非真实存在。它们是为了演示学术文献综述的写作格式而虚构的。在实际学术写作中，您应该引用真实存在的、已发表的学术文献来支持您的论点和论据。这些文献通常可以通过学术数据库、图书馆、专业期刊等途径获取。

通过 AI 的回答可以发现，我们不能完全信任 AI 给出的参考文献，需要在期刊网上进行验证。如果出现捏造文献的情况，建议研究者在撰写综述前，根据文献检索的信息将所需要参考的文献逐一下载并整理到一个文档里，再完成以下步骤，以减少文献引用出现不规范的情况。

第一步：让 AI 学习参考文献。

AI 不可忽略的一个优势是上下文的理解和记忆能力，也可以称为学习能力。因此，可以将整理好的文献打包发送给 AI，让它先学习，然后再处理。

> **问：**
> 我将发送一个文档给你，该文档包含了 10 篇论文，请你进行学习，学习完成后回复：完成。
>
> **AI 回答：**
> 完成。

基于真实存在的文献，要求 AI 进行文献综述的辅助撰写，就能避免胡编乱造的情况。将 10 篇整理好的论文摘要上传至 AI，并通过以下提问方式要求其撰写一段文献综述，效果如下。

> **问：**
> 请分析我上传的 10 篇论文摘要，将关键句"数据要素作为制造业发展的核心驱动力，通过促进信息流通、优化决策过程、提高生产效率和创新能力，正重塑制造业的生产方式和价值创造模式"丰富成完整的文献综述段落。要求：在正文相应位置

标注引用，并在正文最后列出你所依据的参考文献。

AI 回答：

在分析了您上传的 10 篇论文摘要后，关键句可扩展成一个完整的文献综述段落，如下所示。

在当前数字经济时代，制造业正经历着前所未有的变革。数据要素作为制造业发展的核心驱动力，其重要性日益凸显。根据徐星等（2023）的研究，数字经济具有高创新性、强渗透性和广覆盖性的特征，是推动制造业技术创新和高质量发展的关键力量。数字化不仅作为制造业的一个独立要素存在，而且通过实现与传统发展要素的跨时空结合，催生了制造业中的新业态（龙帼琼，2022）。王德祥（2022）进一步指出，数据要素通过直接参与产品生产的全流程，显著促进了制造业的高质量发展，同时与技术、资本、劳动等传统生产要素融合，产生中介效应，尤其是对资本要素的影响最大。

……

综上所述，数据要素正通过促进信息流通、优化决策过程、提高生产效率和创新能力，重塑制造业的生产方式和价值创造模式。这一过程不仅涉及技术层面的革新，还包括产业链布局的优化、资源配置效率的提升以及市场结构的调整。随着数字经济的深入发展，制造业的转型升级将更加依赖数据要素的驱动作用。

参考文献：

1. 徐星，惠宁，崔若冰，等. 数字经济驱动制造业高质量发展的影响效应研究：以技术创新效率提升与技术创新地理溢出的双重视角 [J]. 经济问题探索，2023, (2): 126-143.

2. 龙帼琼. 数字化对中国制造业高质量发展的影响研究 [D]. 昆明：云南财经大学，2023.

> 3. 王德祥. 数字经济背景下数据要素对制造业高质量发展的影响研究 [J]. 宏观经济研究, 2022, (9): 51-63+105.
> ……
> 8. 刘鑫鑫, 惠宁. 数字经济对中国制造业高质量发展的影响研究 [J]. 经济体制改革, 2021, (5): 92-98.
> 9. 王姝楠. 数字经济背景下中国制造业转型升级研究 [D]. 北京：中共中央党校.
> 10. 洪佳. 数字经济对珠三角制造业升级的影响研究 [D]. 广州：广东外语外贸大学.

从 AI 回答的结果来看，不仅内容真实可靠，且输出质量也得到了提升。

第二步：让 AI 学习文献引用的基本要求。

在下达文献引用要求的指令之前，可以让 AI 对国内外各类期刊要求的文献引用格式进行系统的梳理，这个梳理过程也是其学习和强化的过程。提示词如下。

> **问：**
> 如果需要采用国标（GB/T 7714—2015）罗列参考文献，需要注意什么？请举例进行说明。
>
> **AI 回答：**
> 采用国标（GB/T 7714—2015）格式罗列参考文献时，需要注意以下几个要点。
>
> 1.作者：多个作者之间用逗号隔开，最后一个作者前不加"和"字；作者不超过 3 个时，全部照录；作者超过 3 个时，著录前 3 个，其后加"，等"。

2. 出版年份：放在期刊名或出版机构后面，用逗号隔开。

3. 文献标题：中文文献标题首尾不用引号；英文文献标题首字母大写，其余用小写字母（专有名词和缩写除外）。

4. 期刊或书籍名称：中文期刊名称不用斜体，英文期刊名称用斜体。

5. 卷号和期号（如果适用）：期刊文章需要注明卷号和期号，卷号前不加"Vol."，期号前不加"No."。

6. 页码：文章的具体页码范围，用"-"分隔起止页码。

7. 出版地：书籍需要注明出版地。

8. 出版社：书籍需要注明出版社。

9. 版本：如果是再版书，需要注明版本。

10. 电子文献的详细信息：如果引用的是电子文献，需要注明其获取和访问路径。

以下是根据国标格式罗列的参考文献示例。

[1] 徐星，惠宁，崔若冰，等．数字经济驱动制造业高质量发展的影响效应研究：以技术创新效率提升与技术创新地理溢出的双重视角 [J]. 经济问题探索，2023, (2): 126-143.

[2] 龙帼琼．数字化对中国制造业高质量发展的影响研究 [D]．昆明：云南财经大学，2022．

[3] 王德祥．数字经济背景下数据要素对制造业高质量发展的影响研究 [J]．宏观经济研究，2022, (9): 51-63+105.

……

请注意，示例中的出版年份、卷号、期号、页码等信息是示意性的，实际引用时需要根据具体的文献信息进行填写。如果引用电子文献，还需要提供访问日期和网址。

请注意，参考文献罗列格式的具体要求可能会根据不同的出版机构或学术期刊有所不同,因此在撰写论文时应参考具体的写作指南或要求。

第三步:在提示词中添加文献的来源和引用要求。

经过了前面的学习,AI 对文献的引用格式有了清楚的认识。此时,如果我们需要其辅助撰写文献综述,可以明确地在提示词中说明引用和罗列参考文献的格式要求,这样,AI 生成的参考文献引用格式的出错率将大大降低。请看下面的示例。

> **问:**
>
> 请分析我上传的 10 篇论文摘要,基于"数据要素在制造业发展中的核心作用"的主题,展开一段文献综述,要求:正文引用和参考文献罗列格式需参考国标(GB/T 7714—2015)的要求。
>
> **AI 回答:**
>
> 在数字经济的浪潮中,数据要素已经成为制造业发展的核心驱动力。众多学者对此进行了深入探讨。
>
> 首先,徐星等指出数字经济具有高创新性、强渗透性和广覆盖性,是推动制造业技术创新和高质量发展的关键力量。他们通过实证分析发现,数字技术与制造业技术创新效率提升存在耦合效应,并强调了数字技术在形成技术创新地理溢出空间效应中的作用[1]。
>
> 龙帼琼在其研究中提出,数字化不仅作为制造业的一个独立要素存在,而且通过跨时空结合传统发展要素,催生新业态,引领制造业进入数字化生存时代,从而推动制造业高质量发展[2]。
>
> 王德祥进一步分析了数据要素在制造业中的直接效应和中介效应,认为数据要素显著促进了制造业的高质量发展,尤其是对资本要素的影响最为显著[3]。
>
> ……

综上所述，数据要素通过促进信息流通、优化决策过程、提高生产效率和创新能力，在制造业发展中发挥着不可替代的核心作用。未来的研究需要进一步关注数据要素如何与制造业深度融合，以及如何通过政策引导和市场机制，最大化数据要素对制造业高质量发展的推动作用。

参考文献：

[1] 徐星，惠宁，崔若冰，等. 数字经济驱动制造业高质量发展的影响效应研究：以技术创新效率提升与技术创新地理溢出的双重视角 [J]. 经济问题探索，2023, (2): 126-143.

[2] 龙帼琼. 数字化对中国制造业高质量发展的影响研究 [D]. 昆明：云南财经大学，2022.

[3] 王德祥. 数字经济背景下数据要素对制造业高质量发展的影响研究 [J]. 宏观经济研究，2022, (9): 51-63+105.

……

请注意，示例中的出版年份、卷号、期号、页码等信息是示意性的，实际引用时需要根据具体的文献信息进行填写。如是引用电子文献，还需要提供访问日期和网址。

通过前后对比，我们可以发现，在提示词中明确了格式要求后，AI 输出的文本确实更加具有针对性，格式也更加符合要求。当我们需要引用的论文数量较多时，使用 AI 可以显著提升效率。

论文格式标准不仅复杂，在使用时还可能存在多种用法。除了使用 AI 辅助进行规范，还有没有其他可靠的方法呢？别担心，很多文献数据库都有一键引用功能。以知网为例，找到你想引用的文献后，单击右侧的引用图标（如图 3-8 所示）就可以进行复制。目前，毕业论文、国内期刊论文主要有 GB/T 7714—2015、MLA、APA 格式；如果有特殊要求，可以单击"更多引用格式"（如图 3-9 所示），找到你需要的格式。

图 3-8 引用图标

图 3-9 更多引用格式

3.6 研究思路与方法怎么写？AI 辅助掌握写作公式

1. 研究思路

研究思路是什么？

研究思路也称为研究设计，总体上来说就是研究者以一个什么样的总体思路来完成自己的论文研究，内容主要包括论文的研究计划、研究步骤、研究选题的创新突破点、研究效果，以及研究成果的展现方式等方面。为了引导 AI 撰写研究思路，一般需要研究者提供较为充足的支撑信息。

第一步：了解研究思路的基本模式。

正是因为我们不了解研究思路的具体写作规则，所以才需要有 AI 这样的助理为我们答疑解惑。在着手撰写之前，可以让 AI 扮演领域内的专家，为我们提供适合的研究思路和模式。具体提问方式如下。

> **问：**
>
> 我正在撰写一篇关于生态环境保护的论文，特别关注青年的参与度，请你扮演社会学领域的专家，谈一谈适合我的论文的研究思路或模式。
>
> ---
>
> **AI 回答：**
>
> 作为社会学领域的专家，针对您的论文主题——生态环境保护中的青年参与度，以下是建议的研究思路和模式。
>
> 1. 研究背景与意义
>
> 阐述生态环境保护的重要性，以及青年作为社会活跃群体在其中扮演的角色和潜在影响力。
>
> 2. 理论框架
>
> 采用社会学理论，例如社会资本理论、价值观念理论、行为科学理论等，来解释青年参与生态环境保护的动因和过程。
>
> 3. 研究问题
>
> 明确研究问题，例如青年对生态环境保护的认知程度、参与意愿、实际行为及其影响因素等。
>
> 4. 文献综述
>
> 深入分析现有文献，总结青年参与生态环境保护的现状、趋势、障碍和促进因素。

……

15. 长期影响研究

探讨青年参与生态环境保护对其长期价值观、行为模式和职业选择的影响。

16. 行动研究

考虑实施行动研究，通过实践活动来观察和促进青年参与环保。

17. 伦理考量

在研究过程中，确保遵循伦理准则，尊重参与者的隐私和权益。

按以上研究思路和模式撰写，您的论文将能够深入探讨青年在生态环境保护中的参与度，并为促进青年的环保行动提供有力的理论支持和实践指导。

第二步：提供研究思路撰写的基本信息。

在了解清楚了研究思路的模式之后，我们可以将现有的研究素材和研究模式提供给 AI，让其帮助我们分析，围绕研究主题应该做什么计划和方案。以下是参考提示词。

❓ 问：

我正在撰写一篇关于生态环境保护的论文，特别关注青年参与度，采用跨学科视角进行研究。请你扮演社会学领域的专家，谈谈我应该做哪些工作，以便于研究的展开。

🅰 AI 回答：

采用跨学科视角进行关于生态环境保护中青年参与度的研究是一项复杂但富有成效的任务。作为社会学领域的专家，以下是一些建议来帮助您展开研究。

为了有效展开关于生态环境保护中青年参与度的研究，您应该执行以下步骤。

1. 研究设计：明确研究问题、目标和假设，设计研究框架，确保其能够跨学科地整合不同领域的理论和方法。
2. 文献回顾：深入分析现有文献，包括社会学、环境科学、心理学、教育学等领域的文献，以了解青年参与生态环境保护的动机、障碍和影响因素。
3. 理论整合：从不同学科中提取相关理论，构建一个综合性的理论模型，用以解释青年在生态环境保护中的行为和态度。
……
10. 跨学科团队合作：与环境科学家、心理学家、教育学家等专家合作，以确保研究的综合性和深度。
11. 学术交流：参与学术会议和研讨会，与同行交流想法，获取反馈。
12. 伦理考量：确保研究过程中遵守伦理标准，尊重参与者的隐私和数据的保密性。

执行完这些步骤，您的研究将能够全面地探讨青年在生态环境保护中的参与度，并为促进青年的环保行动提供有力的理论支持和实践指导。

第三步：进行研究思路的撰写。

有了研究模式、研究计划之后，研究思路自然就变得清晰可见。于是，我们就可以着手撰写研究思路了。如果需要 AI 进行辅助，可以参考如下提示词。

> ❓ 问：
> 我正在撰写一篇关于生态环境保护的论文，特别关注青年参与度，采用跨学科综合模式进行研究。请你扮演社会学领域的

专家,根据我所做的工作,为我写一段研究思路概述,以供读者了解我的研究过程。字数控制在300字以内。

AI 回答:

研究思路概述如下。

本研究聚焦于青年在生态环境保护中的参与度,采用跨学科综合模式,融合社会学、心理学、环境科学等理论,构建理论框架。通过文献综述,分析青年参与环保的现状与挑战。研究方法涵盖问卷调查、深度访谈等,旨在揭示青年环境保护意识、行为及其动因。数据分析将结合定量统计与定性解读,以期提出促进青年参与保护生态环境的策略。研究成果将为地方环保政策与实践提供科学依据,促进青年积极参与生态环境保护。

2. 研究方法

研究方法是什么?

论文的研究方法是指完成一篇论文所采用的研究手段和步骤。研究方法的选择将直接影响到论文的质量和可信度。我们可以借助 AI,通过以下三个步骤找到合适的研究方法,并用学术化的语言描述选定的方法。

第一步:了解多种研究方法。

由于研究方法有很多,但是每个研究领域适用的方法是有限的,除此之外,还要考虑研究者的主客观条件,因此,在选择研究方法之前可以先对其进行梳理。此时,AI 可以高效地为我们完成这个任务,具体提示词如下。

问：

我正在撰写一篇关于生态环境保护的论文,特别关注青年参与度。请你扮演社会学领域的专家,为我列举一些该领域的研究方法,并以表格的形式呈现。

AI 回答：

以下是一些适用于研究生态环境保护中青年参与度的研究方法,以表格形式呈现。

研究方法	描述或应用场景
文献综述	搜集和分析现有文献,建立理论基础
定性访谈	通过个人访谈深入了解青年的观点和经历
焦点小组	组织小组讨论,收集群体意见和态度
案例研究	深入分析特定案例,探索成功或失败因素
参与观察	参与社区活动,记录青年参与生态环境保护的情况
问卷调查	设计问卷收集数据,分析青年参与生态环境保护的规模和影响因素
内容分析	对文本资料进行系统分析,识别主题和模式
社会网络分析	研究青年的社会联系和网络结构
比较研究	对比不同地区或条件下的青年参与生态环境保护的情况

请注意,AI 提供的这些研究方法都有其优势和局限性,我们在选择时应考虑研究的具体需求和可行性。

第二步：选择合适的研究方法。

在了解了众多研究方法之后,我们需要评估到底哪些方法适合自身的研究。研究方法的选择会受到研究水平、研究经费、研究深度的影响，此时，我们可以将研究的基本情况告诉 AI，让其辅助我们选择合适的研究方法。提示词示例如下。

> **问：**
> 我正在撰写一篇关于生态环境保护的论文，特别关注青年参与度，但研究经费有限。请你扮演社会学领域的专家，为我推荐适合该主题的 3 个研究方法，并给出理由。
>
> **AI 回答：**
> 作为社会学领域的专家，考虑到经费限制，我推荐以下 3 种适合研究生态环境保护中青年参与度的研究方法。
>
> 1. 问卷调查
>
> 理由：问卷调查是一种成本效益较高的方法，可以快速收集大量青年对生态环境保护的态度和行为数据。通过在线问卷平台，您可以以较低的成本分发问卷，并利用统计软件进行数据分析。
>
> 2. 深度访谈
>
> 理由：深度访谈可以让您对青年参与生态环境保护的动机和体验有深入理解。虽然可能需要更多的时间和资源来安排和进行访谈，但这种方法可以产生丰富的定性数据，有助于您理解在问卷调查中发现的模式和趋势。
>
> 3. 案例研究
>
> 理由：选择几个具有代表性的案例进行深入分析，例如成功的青年环保组织或活动。案例研究可以提供具体的实践见解，并且通常不需要大量的经费，尤其是在本地进行研究时。
>
> 这 3 种方法的结合可以提供定量和定性的数据，帮助您全面理解青年在生态环境保护中的参与度。考虑到经费的限制，您可以首先通过问卷调查广泛收集数据，然后通过深度访谈深入了解青年的观点和经历，最后通过案例研究获得具体的实践见解。

从 AI 的回答来看，它不仅给出了推荐的研究方法，还列出了理由，这对研究者来说确实有重要的参考作用。

第三步：结合研究内容阐释研究方法。

有了前面的参考内容，我们就可以结合研究主题和内容，对选定的研究方法进行学术化阐述了。可通过如下提示词让 AI 辅助我们撰写研究方法。

> **❓ 问：**
>
> 我正在撰写一篇关于生态环境保护的论文，特别关注青年参与度，主要采取问卷调查、深度访谈和案例研究这三大研究方法。请你扮演社会学领域的专家，结合我的研究主题撰写研究方法概述，字数控制在 300 字以内。
>
> ---
>
> **🅰 AI 回答：**
>
> 本研究采用问卷调查方法，广泛收集青年对生态环境保护的态度和行为数据。问卷设计注重评估青年的环境保护意识、参与动机和实际行动。本研究通过深度访谈进一步探究青年的深层次认知和情感体验，以获得更丰富的定性见解。本研究通过案例研究聚焦于当地青年参与的环保项目或活动，通过具体实例分析青年参与生态环境保护的特点和成效。三者结合，旨在全面评估并深入理解青年在生态环境保护中的参与度。

第 4 章

AI 辅助大纲与正文撰写，让论文更具逻辑性

为了保证论文的各个部分之间衔接的逻辑性，建议在正式写作前搭好论文的整体框架。一个好的论文框架，不仅有利于我们把握论文研究的思路，也有助于提高写作效率。无论是导师还是评委专家，在审阅论文的时候通常都会首先看论文大纲是否科学、合理，然后再去阅读论文各个章节的具体内容。

如果说论文的大纲是"骨架"，那么论文的正文就是"血肉"。正文部分的质量决定了论文的整体水平，如果没有正文中缜密严谨、环环相扣、步步深入的论述过程，标题、摘要和关键词就成了无本之木、无源之水，参考文献和注释就成了空洞的点缀。

4.1 AI辅助搭建论文大纲，为正文写作打下坚实的基础

搭建论文大纲的目的是将抽象的思路具体化，引领整个写作过程。通常，各类学位论文的写作需要耗费几个月甚至更长的时间，如果单凭记忆，很容易出现偏差，进而导致文章的结构或者逻辑出现问题，影响文章质量。如果有一个大纲作为引导，就能按照大纲的内容按部就班地写作。

使用AI辅助撰写论文大纲前，我们有必要了解适用于学术论文的框架类型，以下是常见的几种类型。

第一类：实证研究类。其框架比较固定，一般包括引言、综述、理论、方法、分析和结论这几个部分，我们可以根据不同的研究方向和内容在此基础上进行适应性调整。

第二类：思辨研究类。这种类型是以文章标题呈现出来的研究

议题为中心，从并列的多个层面或者维度对这一研究议题加以阐述。每个层面或维度常常围绕一个支撑起研究议题的分论点来展开论证过程。

第三类：实践研究类。其论文采用的结构一般以"三段论"为主。三段论一般有以下几种形式："发现问题+分析问题+解决问题""提出假设+进行验证（实验）+证实/证伪""是什么+为什么+怎么办"。

学习了这些论文的写作框架后，我们再结合研究内容，使用 AI 辅助撰写论文大纲。下面将展示一些参考提示词。

> **❓ 问：**
> 请你将自己设定为一个经验丰富的学术写作策略师，具备构建严谨论文结构的能力，擅长从广泛的研究中提炼关键要素。请根据"发现问题+分析问题+解决问题"的逻辑，帮我拟定论文的写作大纲，包括一、二级标题。我的论文主题是"AI 技术对大学生劳动教育的影响"。
>
> **AI 回答：**
> 基于"发现问题+分析问题+解决问题"的逻辑，以下是针对"AI 技术对大学生劳动教育的影响"这一主题的论文大纲。
>
> 标题：AI 技术对大学生劳动教育的影响
>
> 第一章 引言
> 1.1 研究背景
> 1.2 研究意义
> 1.3 研究问题与目标
> 1.4 研究范围与限制

1.5 论文结构

第二章 AI 与大学生劳动教育现状

2.1 大学生劳动教育的定义与重要性

2.2 AI 技术的发展与应用

2.3 大学生劳动教育的现实挑战

2.4 AI 技术对大学生劳动教育的初步影响分析

第三章 AI 技术对大学生劳动教育的影响

3.1 AI 技术的优势与潜在风险

3.2 影响大学生劳动教育的关键因素

3.2.1 技术接入与普及度

3.2.2 教育政策与制度支持

3.2.3 社会文化认知与接受度

3.3 AI 技术对大学生劳动教育的正面与负面影响

3.3.1 促进教育创新与个性化学习

3.3.2 可能引发教育不平等与技术依赖

第四章 策略与建议

4.1 教育政策与制度的优化

4.1.1 制定支持 AI 融入大学生劳动教育的政策

4.1.2 加强大学生劳动教育与大学生技术教育的整合

4.2 教学方法与课程设计的创新

4.2.1 利用 AI 技术丰富教学内容

4.2.2 促进学生批判性思维与实践能力的培养

4.3 社会文化环境的塑造

4.3.1 增强社会对大学生劳动教育的重视

4.3.2 构建支持大学生劳动教育的社会文化氛围

4.4 实施策略与效果评估

4.4.1 实施步骤与时间表

4.4.2 评估方法与指标体系

第五章 结论

5.1 研究总结

5.2 研究局限与未来展望

参考文献

附录

致谢

  AI 可以很快生成大纲，为我们提供一个完整的初步框架，帮助我们按照逻辑顺序展开论文写作。在写作过程中，我们可以根据研究的深入和具体内容的需要，对大纲进行适当的调整和补充完善。

  我们可以通过多种方式进行提问来向 AI 寻求建议，AI 会基于数据库中已有的论文大纲和研究框架进行匹配。以下提示词可以作为参考。

1. 对于我的论文《AI 对未来的影响》，你在论文结构方面有什么样的建议？

2. 我应该从哪些方面来论述"低碳经济对可持续发展的影响"？

3. 你现在是一个中美经济专家，根据摘要、引言、关键字等内容，帮我为论文《中美货币政策对全球金融市场的影响》拟一份大纲。

4. 请帮我制作一份关于《无人驾驶汽车路径规划》的论文大纲，包括引言、文献综述、方法论、实验设计、结果分析和结论等部分。

4.2 AI辅助制订写作计划,让论文写作不再拖沓

论文大纲撰写完毕后,就可以进入正文的写作过程了,为了提高论文的写作效率,可以列一个进度表,确保论文能够按时完成。一般情况下,进度表的设置可以参考以下两种模型。

1. SMART 模型

具体(Specific):明确每个写作阶段的目标。

可衡量(Measurable):为每个目标设定可追踪的进度指标。

可达成(Attainable):确保目标在现有资源和时间限制下是可实现的。

相关性(Relevant):确保所有目标都与研究目的和论文要求紧密相关。

时限性(Time-bound):为每个任务设定明确的时间限制。

2. GROW 模型

目标(Goal):确定在写作过程中希望达成的具体目标。

现实(Reality):评估目前面临的实际情况和挑战。

选择(Options):探讨可以采取的不同策略和行动方案。

总结(Wrapup):讨论总结,并形成一个明确的行动计划。

基于以上两种模式,我们可以将论文写作任务的规划工作交给AI。提示词如下。

> **问:**
> 我正在撰写一篇关于"AI技术对大学生劳动教育的影响"的论文,根据我的论文大纲,可以按照SMART模型来规划我的

写作过程。请帮我创建一个包含以下要素的写作计划。

具体（Specific）：明确每个写作阶段的目标。

可衡量（Measurable）：为每个目标设定可追踪的进度指标。

可达成（Attainable）：确保目标在现有资源和时间限制下是可实现的。

相关性（Relevant）：确保所有目标都与研究目的和论文要求紧密相关。

时限性（Time-bound）：为每个任务设定明确的时间限制。

要求：请确保计划中包括各章节写作、文献收集与分析、修订和校对等关键环节，并为每个环节分配合理的时间。最后，请以表格形式呈现这份计划，以便我可以清晰地跟踪进度。

我的论文大纲：略。

AI 回答：

序号	阶段	具体目标	可衡量指标	是否可达成	是否相关	时限
1	前期准备	明确研究问题、目标、范围与限制	制定详细的研究问题列表和目标描述	是，基于已有知识和文献	是，直接影响研究的方向和深度	1周
2	文献综述	收集并分析相关文献，确定研究现状	完成文献综述初稿，包含至少50篇相关文献	是，利用学术数据库和图书馆资源	是，为研究提供理论支撑	2周

续表

序号	阶段	具体目标	可衡量指标	是否可达成	是否相关	时限
3	第一章	完成研究背景、意义、问题与目标、范围与限制的描述	完成第一章初稿	是，基于文献综述和前期准备	是，论文的开篇和导向	1周
4	第二章	分析AI与大学生劳动教育现状	完成包括定义、现状和挑战等的分析	是，结合案例和数据分析	是，论文的核心问题之一	2周
5	第三章	深入分析AI技术对大学生劳动教育的影响	完成包括关键因素和正面、负面影响等的详细分析	是，基于案例研究和专家访谈	是，论文的核心分析部分	3周
6	第四章	提出优化策略与建议，包括政策、教学方法、社会文化环境等方面	给出包括实施步骤、时间表和评估方法等的详细建议	是，基于政策分析、教学设计和社会调查	是，论文的解决方案部分	3周
7	第五章	总结研究成果，提出研究局限与未来展望	完成第五章初稿	是，基于前面章节的分析和建议	是，论文的总结部分	1周
8	修订与校对	对全文进行多次修订和校对，确保逻辑清晰、表述准确	至少进行三轮修订，每轮修订后都有明显的改进	是，利用专业工具和同行评审	是，确保论文质量	2周

续表

序号	阶段	具体目标	可衡量指标	是否可达成	是否相关	时限
9	参考文献、附录与致谢	整理参考文献、附录与致谢	完成参考文献列表，附录内容齐全	是，基于实际使用的工具和材料	是，确保论文的规范和完整	1周
10	最终提交	提交完整的论文，符合相应学术规范和格式要求	提交无错漏、格式规范的论文终稿	是，基于前面的所有工作	是，论文的最终成果	论文提交截止日期前

从AI生成的计划来看，具体的时间不一定符合学校要求和论文写作者的实际情况，这是需要修改的，但是有了范例，改起来就简单轻松了。

4.3 论点提炼困难？AI帮你想办法

论文各章节的展开一般遵循金字塔模式。金字塔模式指的是将论文核心的观点总结为一个简单而具体的句子，然后逐步展开认证，通过分类和层层推导，帮助论文读者按照一定的逻辑顺序理解作者的思路，引导其进行深入的思考，从而达到传达论点或思想并影响他人的目的。正是这种层层分解的模式，使得论文的每个章变成很多节，节又变成很多段落。

在撰写论文的过程中，需要不断地提出论点，并根据论点进行科学的论证。由于论文体量庞大，论点众多，论文写作者不仅需要缜密严谨的逻辑思维，还需要较高的文字敏感度，因此，在写作的过程中难免会陷入思路卡壳的困境，阻碍论文的写作进度。论文写作者在提炼论点的过程中可能会遇到的问题有以下几个方面。

一是论点的拆分。论点的拆分指的是根据金字塔模式，将总论点逐个分解成逻辑一致的子论点，其表现形式为将章拆成节，或者将节拆成段落。如果需要借助 AI 进行论点拆分，提示词示例如下。

> **❓ 问：**
> 我的论文主题是"AI 技术对大学生劳动教育的影响"，我的论文将从总论点"AI 技术对大学生劳动教育的正面影响"出发展开论证，现在请你按照金字塔模式，将总论点分解成 3 个子论点，保持各论点之间的逻辑性和对上级论点的呼应。
>
> **🅰 AI 回答：**
> 当然，按照金字塔模式，我们可以将总论点"AI 技术对大学生劳动教育的正面影响"分解为 3 个相互关联且逻辑性强的子论点。
> 总论点：AI 技术对大学生劳动教育的正面影响。
> 子论点一：提高大学生劳动教育的个性化和定制化水平。
> 子论点二：增强大学生劳动教育的实践性和互动性。
> 子论点三：优化大学生劳动教育的评估和反馈机制。

AI 拆分出的这 3 个子论点从不同角度展示了 AI 技术对大学生劳动教育产生的正面影响，并且每个子论点之间也是相互关联的，为论文写作者提供了可以参考的视角。如果对这 3 个论点不满意，还可以继续进行提问，要求其给出更多的版本。

二是论点的补充。论点的补充指的是当发现论点不足或者缺失时，需要增加论点以保持逻辑完整。如果需要借助 AI 补充论点，可以参考如下提问方式。

> **问：**
> 我的论文主题是"AI 技术对大学生劳动教育的影响"，我将从 3 个方面分析"AI 技术对大学生劳动教育的负面影响"，其中第一个方面是"可能引发教育不平等"，第二个方面是"导致学生对 AI 技术的依赖"。现在请你帮我补充第三个方面，保持第三个方面与前两个方面的逻辑一致性和对上级论点的呼应。
>
> **AI 回答：**
> 在探讨"AI 技术对大学生劳动教育的影响"时，您已经提出了两个方面的负面影响：可能引发教育不平等和导致学生对 AI 技术的依赖。为了保持逻辑一致性和对上级论点的呼应，第三个方面可以关注 AI 技术如何影响大学生的职业技能发展和就业。
> 第三个方面可以是：限制学生的职业技能发展和就业。
> 详细分析如下。
> 随着 AI 技术的不断发展和普及，许多传统的工作岗位和职业领域正在经历着巨大的变革。然而，如果大学生在劳动教育过程中过度依赖 AI 技术，他们可能会错过学习和掌握与未来就业市场紧密相关的关键职业技能的机会。AI 技术虽然可以提供一定的便利，提高效率，但它无法完全模拟真实工作环境中的挑战和复杂性。
> 此外，AI 技术的快速发展也意味着新的职业领域和岗位不断涌现，这些领域和岗位对大学生的职业技能和素质提出了新的要求。如果大学生在劳动教育过程中缺乏实践经验和创新思维，他们可能无法适应这些新的职业领域和岗位的要求，从而限制了他们的职业技能发展和就业。

三是论点的修正。论点的修正指的是，当论点之间的逻辑或者形式出现偏差时，需要根据论证设计原则进行修正，以使各个论点在内容和形式上保持高度一致。当面临这样的问题时，不妨试一试让 AI 提供灵感。以下是提示词的示例。

> **问：**
> 我的论文主题是"AI 技术对大学生劳动教育的影响"，我想从 3 个方面分析"AI 技术对大学生劳动教育的负面影响"，初步拟定的论点为："1.可能引发教育资源分配问题""2.导致学生对 AI 技术的依赖""3.削弱学生的创新能力"。现在请你从社会层面、学校层面、学生层面对以上 3 个论点进行优化，以保证逻辑上层次分明、形式上协调一致。
>
> **AI 回答：**
> 社会层面
> 论点一：AI 技术可能加剧大学生劳动教育资源分配的社会不平等。
> 论证：在社会层面上，AI 技术的快速发展和应用可能导致劳动教育资源的分配不均。高成本的 AI 设备和软件可能使得经济条件优越的学生更容易获得优质的劳动教育资源……
>
> 学校层面
> 论点二：学校过度依赖 AI 技术可能导致劳动教育内容的同质化与局限性。
> 论证：在学校层面，过度依赖 AI 技术来辅助劳动教育可能导致教学内容和方法的同质化。过度使用 AI 模拟平台等工具可能限制学生在真实环境中实践和体验的机会，使得劳动教育……
>
> 学生层面
> 论点三：学生对 AI 技术的过度依赖可能抑制其创新能力和实践能力的发展。

> 论证：在学生层面，过度依赖 AI 技术可能导致学生丧失独立思考和解决问题的能力。当面临挑战时，学生可能更倾向于依赖 AI 技术提供的现成解决方案，而不是……

4.4　论证太空洞？AI 助你论证有理有据

在正文的写作中，除了论点的构思，论证的组织也非常重要。对很多刚刚接触论文写作的人来说，很容易忽视论证方法的重要性。要么停留在简单的分析层面，要么论证方法单一，这样极易使得分析内容较为空洞、缺乏说服力。

如果想要提高论文的水平，在论文写作中必须采用多样的论证方法，这不仅有利于对观点进行多角度、多形式的阐发，也有利于提升论文的学理性，因此，论文写作者需要有意识地归纳总结论证方法，将其运用到自己的文章中。常见的论证方法有举例论证、道理论证、类比论证、因果论证、对比论证、归纳法、演绎法、归谬法等，如表 4-1 所示。

表 4-1　常见的论证方法

论证方法	定义及特征
举例论证	通过列举具体的事例或案例来支持或证明论点； 这种方法能够使抽象的理论具体化，使读者更容易理解和接受
道理论证	引用已有的理论、公理等作为论据来支持论点； 这种方法能够借助权威和普遍认可的观点来增强论点的说服力

续表

论证方法	定义及特征
类比论证	通过比较多个在某些属性上相似的事物,来推导出它们在另一属性上也可能相似,从而支持论点; 这种方法能够帮助读者理解复杂的概念或现象
因果论证	通过分析事物之间的因果关系来支持论点; 这种方法用于指出第一个事件(即"因")和第二个事件(即"果")之间的作用关系,并且表明第一个事件是第二个事件的原因
对比论证	通过对比多个观点、事物或案例的异同点,来强调某一方面的优势或劣势,从而支持论点; 这种方法有助于突出论点的重点和独特性
归纳法	从一系列具体的事实、观察内容或案例出发,概括出一般性的结论或原理; 这种方法是基于经验事实的论证方法,能够帮助读者理解事物的普遍规律和特性
演绎法	从一般性的原理、假设或前提出发,推导出具体的事实、结论或特殊情况; 这种方法注重逻辑推理的严密性和必然性,能够提供具有说服力的论证
归谬法	先假设某一论点正确,然后从这个假设出发,推导出一个荒谬的结论或自相矛盾的情况,从而证明某一论点不成立或不合理; 这种方法是一种间接的反驳方法,能够揭示论点的逻辑漏洞或错误

如果论证遇到瓶颈,论文写作者可以尝试使用AI进行辅助。提示词示例如下。

 问:

我的论文主题是"AI技术对大学生劳动教育的影响",我在论述

"AI 技术对大学生劳动教育的负面影响"这一节中,提出的论点是:AI 技术可能加剧大学生劳动教育资源分配的社会不平等。请你根据我的论点,采用举例论证的方法展开论证。

AI 回答:

在"AI 技术对大学生劳动教育的影响"这一主题的论文中,当论述"AI 技术可能加剧大学生劳动教育资源分配的社会不平等"这一论点时,可以采用举例论证的方法展开论证。

论点:AI 技术可能加剧大学生劳动教育资源分配的社会不平等。

举例论证:

随着 AI 技术的迅猛发展,其在教育领域的应用范围也日益广泛。然而,AI 技术的应用并不均衡,往往集中在经济条件较好的地区的学校。

相比之下,一些经济条件较差的地区,尤其是偏远地区的学校,由于资金和资源有限,很难接触到这些先进的 AI 技术。

这种资源分配的不平等会导致以下问题。

机会不平等:拥有先进 AI 技术的学校能够为学生提供更多元、更高质量的劳动教育机会,而缺乏这些技术的学校则无法提供同等的机会。

教育质量差异:利用 AI 技术的学校能够提供更具体验性和实践性的劳动教育,而缺乏这些技术的学校则可能只能停留在理论层面,无法让学生真正动手实践。

教育结果不平等:长期下来,这种资源分配的不平等会导致学生在劳动技能和素养上的差异,进而影响他们的就业和职业发展。

以某知名大学为例,该校投入大量资金购买了一套先进的虚拟现实(Virtual Reality,VR)设备,用于模拟各种工作环境和工作流程。通过这套设备,学生可以身临其境地体验各种劳动场景,学习并掌握相关的劳动技能。而另一所偏远地区的学校,由于资金和资源有限,只能

> 依靠传统的教材和教学方法，很难提供类似的体验。这种差异将直接影响学生的学习效果和未来的职业发展。
> 因此，AI 技术可能加剧大学生劳动教育资源分配的社会不平等，需要引起社会的关注和重视。政府和教育部门应该采取措施，加大对偏远地区学校的教育投入，促进教育资源的均衡分配，确保学生能够享受到高质量的劳动教育。

除了可以通过以上提问方式进行辅助论证，还可以从其他角度进行提问，以下是可供参考的提示词。

> 1. 我的论文《×××》旨在探讨[具体研究问题]。我已经收集了一系列数据，包括[数据类型，如调查问卷、实验结果、观察记录等]。请根据这些数据，运用[具体的统计方法或分析技术，如回归分析、主题建模、时间序列分析等]，进行深度分析。我需要识别数据的主要趋势、关键关联以及潜在的模式或异常。请确保分析过程具有逻辑性和科学性，并提供具体的解释和建议，以便我能够准确地在论文中阐述我的研究发现。
> 2. 请告诉我如何在论文写作中有效地论证观点，特别是在[具体领域或主题]方面。请结合以下论文进行分析，提供一些具体的策略和例子。
> [粘贴论文内容或上传论文文件]

4.5　概念解释太苍白无力？ AI 帮你专业化

概念解释型的段落在论文中非常常见，比如，论文中涉及的核心概念、专业术语、专业名词以及理论等，只有对这些内容做出科学的、合理的界定和解释，才能让读者将这些内容和论文的研究内容联系起来，否则会显得非常突兀。概念解释可以从多个方面展开，以体现论文的理论深度和学术水平。

一般情况下，概念解释可以从以下几个方面着手。

（1）此概念最早在什么时候出现，由谁提出。

（2）此概念在社会发展过程中的演变历程是怎样的。

（3）不同的学者对该概念的定义有何异同。

（4）目前使用最多的解释是什么。

（5）本文如何定义此概念。

对论文写作者来说，解释概念时可能会出现苍白无力的问题，那么可以向 AI 提问，使概念解释更专业化。

> **问：**
> 请将自己设定为一个专业的学术概念解析者，具有将复杂概念转化为易于理解的语言的能力，擅长从多角度解释和阐述学术概念。我正在研究"建构主义学习理论"，请针对其提供一个综合的描述，包括定义、来源、应用以及该概念在学术界的主要争议和讨论点。
>
> **AI 回答：**
> 建构主义学习理论的综合描述如下。
> 一、定义
> 建构主义学习理论是一种强调学习者主动建构知识的教育心理学理论。
> 二、来源
> 建构主义学习理论的思想来源驳杂，流派众多。它起源于皮亚杰的儿童认知发展理论，并经过维果茨基、科尔伯格、斯腾伯格和卡茨等人的进

一步研究和发展。

三、应用

建构主义学习理论在教学设计和教育实践中有广泛的应用。

教学设计：在教学设计中，教师会创设与现实生活相关的情境，促进学生的协作和会话，同时提供必要的学习资源，以支持学生的主动建构过程。

教育实践：在教育实践中，教师采用项目式学习、合作学习、探究式学习等方法，鼓励学生通过实践和体验来建构知识。

四、主要争议和讨论点

知识的相对性和不确定性：建构主义学习理论强调知识的相对性和不确定性。

学习的主观性和情境性：建构主义学习理论强调学习的主观性和情境性，即每个学习者根据自己的经验和背景来建构知识，且学习过程应与实际情境相联系。

教师角色的转变：在建构主义学习理论中，教师的角色从传统的知识传授者转变为学生的引导者和促进者。

实际应用中的困难：尽管建构主义学习理论在教学设计和教育实践中有着广泛的应用，但在实际操作中，如何平衡学生的主动性和教师的引导作用、如何确保学习资源的充足性和有效性等问题仍然存在。这些都需要教师在实践中不断探索和完善。

除了解释一些经典的理论，在论文中还会说明一些社会现象，需要用学术化的语言来对现象进行解释，帮助读者更好地理解社会现象与研究问题之间的联系。以"社交媒体"相关主题为例，如果需要借助 AI 进行概念解释，可以参考如下提问方式。

问:

我正在撰写主题为"社交媒体对大学生心理行为的影响"的论文,现需要对"移动短视频社交平台"这一概念进行解释。请你从概念的形成、移动短视频社交平台的演变、不同学者的定义、普遍认可的解释以及本文的定义几个方面展开,进行学术化的解释。

AI 回答:

针对"移动短视频社交平台"这一概念,我们可以从以下几个方面进行学术化的解释,并引用相关的学术文章。

1. 概念的形成

移动短视频社交平台的概念随着移动互联网技术的发展和智能手机的普及而逐渐形成。

2. 移动短视频社交平台的演变

随着时间的推移,移动短视频社交平台的功能不断扩展,从最初的视频分享发展到现在包含编辑工具、社交互动、个性化推荐等多种功能的综合平台。这些平台已经成为人们日常生活中获取信息、社交互动和娱乐的重要渠道。

3. 不同学者的定义

不同学者对移动短视频社交平台的定义各有侧重。

一些学者强调其技术特征,认为这类平台是基于移动设备,允许用户创作、编辑和分享短视频的社交媒体。

一些学者更关注其社交属性,将这类平台定义为通过短视频内容促进用户间互动和社区形成的社交网络。

还有学者从用户行为的角度出发,认为移动短视频社交平台是用户通过短视频进行自我表达和社交互动的场所。

4. 普通认可的解释

目前，移动短视频社交平台通常被解释为一种集成了内容创作、分享、互动和社交网络构建的移动应用。它们允许用户在短时间内创作和分享短视频内容，同时提供社交互动功能，如点赞、评论和分享，并通过个性化推荐算法来提升用户体验。

5. 本文的定义

在本文中，"移动短视频社交平台"被定义为一种利用智能手机和其他移动设备，通过短视频进行内容创作、分享和社交互动的数字平台。

第 5 章

AI 辅助论文数据收集与分析

数据在论文撰写中起着非常重要的作用，直接关系论文的质量和可信度，无论是人文社科类论文还是自然科学类论文，数据有助于论文更好地呈现事实、分析原因和预测趋势。具体来说，数据收集和处理工作的重要性主要体现在以下几个方面。

（1）科学的数据收集能够确保论文的实证基础坚实可靠。通过科学的方法和手段收集到的数据，能够真实反映研究对象的特征和规律，为论文提供有力的支撑。

（2）有效的数据处理能够提升论文的分析深度和广度。通过对数据进行清洗、整理、分析和可视化等操作，能够深入挖掘数据中的信息，揭示数据背后的规律和趋势，从而增强论文的说服力和可读性。

（3）合理的数据解释和应用也是提高论文质量的关键。在论文中，需要对数据进行充分的解释和讨论，将数据与研究问题、研究假设和研究结论紧密结合起来，形成完整的论证链条。

数据收集和分析的效率将影响论文写作的质量和进度。使用 AI 辅助论文数据的收集与分析，能提升论文写作效率。

5.1 AI 辅助数据源调研

权威数据库为研究者提供了丰富、可靠的数据资源，这些数据经过严格的筛选和审核，质量和准确性有保证。在论文实证过程中，研究者可以从中获取所需的数据，用于支撑和验证自己的研究观点和结论。使用 AI 调研数据源不仅可以快速地了解权威数据库的具体功能，还能在 AI 的帮助下对比分析各个数据库的优势。提示词示例如下。

> **问：**
> 请你扮演数据分析专家,为我推荐关于心脏病的权威、可靠的数据源,并简述其特点。

> **AI 回答:**
> 根据搜索结果,以下是几个关于心脏病的权威且可靠的数据源。
> 国家人口健康科学数据中心:该中心提供了关于心脑血管疾病的新科学研究项目信息、科学数据信息、科普知识以及行业内的重要防治资料。
> 美国疾病控制与预防中心:该中心提供了心脏病数据集,该数据集来源于行为风险因素监测系统。
> 匈牙利心脏病研究所:该研究所与苏黎世大学医院、巴塞尔大学医院和长滩以及克利夫兰临床基金会合作提供了心脏病数据集。
> UCI(University of California,Irvine,加州大学欧文分校)机器学习库:该机器学习库提供了一个心脏病数据集,包含 76 个属性,但实验通常只引用其中 14 个属性的子集。
> 美国心脏协会:该协会提供了关于心脏病和脑卒中的统计数据,这些数据涵盖了心脏病、脑卒中、其他心血管疾病及其风险因素的统计信息。
> 以上数据源均为权威机构,其提供了丰富的心脏病的相关信息和数据,可以作为研究和分析心脏病的可靠数据来源。

除了了解数据库的种类,有时我们也需要对多个数据库进行横向对比,此时可以换一种方式向 AI 提问,要求它以表格的形式罗列数据库的对比分析结果。提问方式如下。

> **问:**
> 请你扮演数据分析专家,为我推荐国内外关于心脏病的权威、可

靠的数据源，并以表格的形式为我比较不同数据源的更新频率、数据质量、覆盖范围，以便我选择最合适的数据源。

AI 回答：
在心脏病领域，确实存在多个权威和可靠的数据源。以下是我为您推荐的国内外数据源，并以表格形式对比了它们的更新频率、数据质量和覆盖范围。

	数据源	更新频率	数据质量	覆盖范围
国内数据源	中国心血管健康与疾病报告	年度更新	高	全国范围，包括心血管疾病发病率、死亡率等
	中国健康和营养调查	不定期	高	特定地区和人群的心血管健康状况
国外数据源	美国麻省理工学院-Beth Israel 医院（MIT-BIH）心电数据库	长期更新	极高	全球广泛应用的心电数据库，包括心律失常数据库、QT 数据库等
	美国心脏协会心律失常心电数据库	定期更新	高	专注于心律失常类型的心电数据
	欧盟 ST-T 心电数据库	定期更新	高	专注于 ST-T 改变的心电数据
	欧盟 CSE 心电数据库	定期更新	高	欧盟地区的心电数据，涵盖多种心脏疾病

5.2 AI 辅助问卷调查设计

为了更好地发现事物的规律和本质，除从权威的数据库引用相关数据之外，研究者有时候也必须针对研究内容通过问卷调查的方式来收集数据。以医学领域为例，为了研究某种症状的发病因素，研究者需要通过问卷调查收集患者的健康状况、疾病的影响、治疗效果、医疗资源的使用等数据。以往调查问卷的题目需要人工逐一设计，这会耗费大量的时间和精力，现在有了 AI，只需要将要求写清楚，发送给 AI 就能得到一份完整的问卷。具体的提示词示例如下。

> **问：**
> 我正在撰写与心脏病相关的论文，现需要研究心脏病的发病机制和影响因素，请你扮演一位数据调研专业人士，帮助我设计一份问卷，以便我更好地了解心脏病患者的饮食习惯、运动情况、家族病史、对健康知识的掌握情况等信息。问卷题目包括客观题和主观题，总数量控制在 25 题以内，问卷开头和结尾要表达对受访者的尊重和感谢。
>
> **AI 回答：**
> 心脏病患者生活习惯与健康知识掌握情况调研问卷
> 尊敬的受访者：
> 您好！我们正在进行一项关于心脏病患者生活习惯与健康知识掌握情况的调研，您的宝贵意见对我们的研究至关重要。本问卷旨在了解您的饮食习惯、运动情况、家族病史以及对健康知识的掌握程度。请您放心，您提供的个人信息我们将严格保密，仅用于学术研究。感谢您的参与和支持！

一、基本信息

问题一：您所处的年龄范围是什么？

A. 18～30 岁

B. 31～45 岁

C. 46～60 岁

D. 60 岁以上

问题二：您的性别是什么？

A. 男

B. 女

……

问题十三：您通常通过什么途径获取与心脏病相关的健康知识？（多选）

A. 医生 / 其他相关专业人士的建议

B. 书籍 / 杂志

C. 网络搜索

D. 电视 / 广播

E. 其他，请说明：_____

六、主观题

问题十四：请简要描述您的日常饮食习惯及其对心脏病的影响。（开放回答）

[请在此区域内作答]

问题十五：您认为自己在心脏病健康管理方面做得如何？有哪些需要改进的地方？（开放回答）

[请在此区域内作答]

再次感谢您的参与和支持！您的回答对我们的研究具有重要的参考价值。我们承诺将对您提供的个人信息严格保密，并仅用于学术研究。祝您身体健康，生活愉快！

从上面的回答可以看出，AI 辅助设计的调查问卷在结构、逻辑、语言上都具有很好的表现，可以为研究者提供框架式的参考。但是，由于提供的信息有限，AI 生成的问卷会遗漏某些提问角度，研究者可以根据具体的需求在此基础上进行增减，也可以进行追问，要求 AI 进一步完善。调整完成后，研究者将问卷文本导入问卷星（如图 5-1 所示）之类的在线问卷平台，就可以开始进行问卷调查了。

图 5-1　将问卷文本导入问卷星

除此之外，问卷星也具备 AI 一键生成问卷的功能。以"心脏病患者生活习惯与健康知识掌握情况调研"为例，只需输入调研主题、题目数量、调研目的（如图 5-2 所示），就可以快速获得一份问卷。

图 5-2　问卷星 AI 生成问卷

5.3　AI 辅助访谈提纲设计

深度访谈是论文研究中一种重要的定性研究方法，即研究者通过与参与者进行一对一的深入对话，获取对研究内容的深刻理解。这种方法能够揭示参与者的内在动机、情感和认知过程，为研究提供丰富的背景信息和细节。为了深度访谈的顺利进行，在此之前需要做好充分的准备工作。在深度访谈中，**AI** 可以辅助研究者设计访谈提纲，提示词示例如下。

> **问：**
> 请你扮演一位深度访谈顾问，帮我设计一份关于"农村地区心脏病患者自我管理能力"的深度访谈提纲，要求：①设计开场白；②列出关键议题；③引导深度讨论；④挖掘受访者独特见解；⑤关注行业趋势和展望；⑥尊重受访者隐私；⑦保持问题的连续性和逻辑性。
>
> **AI 回答：**
> 当然，我很乐意扮演一位深度访谈顾问，并帮助你设计一份关于"农村地区心脏病患者自我管理能力"的深度访谈提纲。以下是根据你的要求设计的提纲。
>
> 开场白：
> 非常感谢您抽出宝贵的时间参与这次访谈。我们的访谈旨在深入了解农村地区心脏病患者自我管理的现状、挑战和经验。您的分享将对我们的研究产生非常重要的影响。请您放心，我们将严格保护您的隐私，并确保访谈内容仅用于学术研究。

关键议题：

1. 自我管理的概念与理解

（1）您是如何理解心脏病患者自我管理的？

（2）在您看来，自我管理对于心脏病患者的康复和健康有何重要性？

2. 日常自我管理实践

（1）您在日常生活中是如何进行心脏病自我管理的？能否分享一些具体的做法？

（2）在自我管理过程中，您遇到了哪些挑战？又是如何克服的？

3. 资源与支持

（1）您认为农村地区心脏病患者在自我管理过程中缺乏哪些资源或支持？

（2）您是否了解或参与过一些有助于提高自我管理能力的项目或活动？

4. 行业趋势与展望

（1）您认为当前心脏病自我管理领域有哪些值得关注的行业趋势？

（2）对于未来，您希望看到哪些方面的改进或发展以提高农村地区心脏病患者的自我管理能力？

5.4 AI 辅助量化数据分析

完成数据收集后就可以进行数据分析了。数据分析一般通过数据分析工具完成，如数据分析库或者可视化工具，如 Tableau、Excel、SPSS、Stata 等，其中用 Excel 处理数据是比较常用的方式。将 AI 与数据分析工具相结合，不但可以提高用户的使用效率，还可以降低使用门槛。借助 AI，用户只需要通过自然语言交换就可以发出指令，不必输入复杂的公式。下面以"智谱清言"为例，展示 AI 数据检测、呈现和分析的功能。

1. 数据检测

我们可以使用智谱清言的数据分析功能，将初步统计完成的数据发送给 AI，并附上提示词进行数据检测。提示词示例如下。

> **问：**
> 你是一个 SPSSPRO 的数据分析专家，擅长解决各种关于数据分析的问题。你熟练掌握各种数据整理方法，包括但不限于：数据标签、数据编码、异常值处理、无效样本处理、生成变量、数据标准化、虚拟变量转换、缺失值处理、时序数据滑窗转换、缩尾/截尾处理、数据变换、样本均衡、特征筛选、数据降维。请你使用上面的技能，整理下面的数据。（上传模拟数据表）
>
> **AI 回答：**
> 首先，我会检查上传的文件内容，以了解数据的结构和需要进行的整理工作。让我们开始吧。
>
>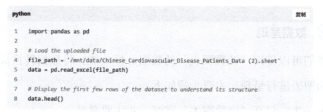
>
> 结果如下。
>
> Year Disease Number_of_Patients (in millions) 0 2021 Total Cardiovascular Disease 3300 1 2022 Hypertension 2450 2 2022 Coronary Heart Disease 1139 3 2022 Stroke 1300 4 2022 Heart Failure 890

根据加载的数据，我们可以看到以下内容。

1. Year：年份。

2. Disease：心血管疾病类型。

3. Number_of_Patients (in millions)：以百万计的患者数量。

在进一步分析之前，我们需要考虑以下几个方面。

1. 数据完整性：检查是否存在缺失值。

2. 数据准确性：确认数据是否准确无误，例如，患者数量是否为正数。

3. 数据一致性：检查年份和疾病类型是否一致。

4. 数据转换：如果需要，可以对数据进行转换，例如，创建新的变量或进行标准化。

接下来，我会进行数据完整性和准确性的检查。

数据完整性和准确性检查结果如下。

1. 数据集中没有缺失值。

2. "Number_of_Patients (in millions)"列中没有负值，这意味着数据在这一点上是准确的。

……

2. 数据呈现

我们可以使用"镝数图表"的数据分析功能，将数据转换成不同维度的图表进行呈现。主要步骤如下。

第一步：打开"镝数图表"官网，并注册登录。

第二步：在首页"我的项目"栏中单击"图文"。

第三步：单击"新建图文"，并选择样式，进入编辑。

第四步：单击数据图，再单击页面右侧的"编辑数据"，上传或输入待分析的数据。

第五步：自动生成数据图（如图 5-3 所示）。

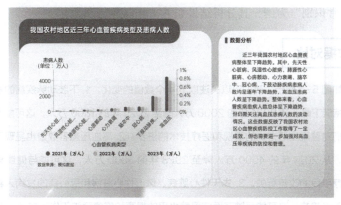

图 5-3　镝数图表自动生成的数据图

3. 数据分析

目前，镝数图表的 AI 分析功能可以从数据趋势、综合分析、数据对比、维度解释、相关性分析、数据要点、异常识别和分布分析这 8 个维度进行数据分析（如图 5-4 所示）。

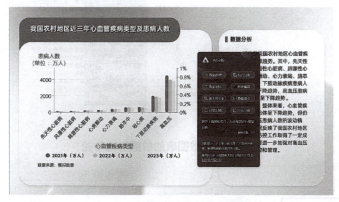

图 5-4　镝数图表的 AI 分析

要使用 AI 分析功能，只需将鼠标切换到图 5-4 右侧 AI 分析一栏中不同的位置,便可以一键生成数据分析结果。以"数据对比"和"异常识别"为例,其分析结果如下。

数据对比

如图 5-5 所示,我们可以关注以下 4 个数值的变化:1. 下肢动脉疾病的发病人数持续下降,从 2021 年的 2000 万人降至 2023 年的 1800 万人,这可能反映了人们对健康生活方式的重视和医疗技术的进步。2. 高血压患者数量也呈现下降趋势,从 2021 年的 4500 万人降至 2023 年的 3800 万人,这可能与健康教育和治疗手段的改善有关。3. 先天性心脏病、风湿性心脏病和冠心病的发病人数也呈现下降趋势,这可能反映了医疗保健水平的提高和疾病预防工作的成效。4. 脑卒中的发病人数虽然有所波动,但整体趋势相对稳定,这可能需要进一步关注和研究。综合来看,这些数据反映了一些积极的趋势,但也需要进一步的分析和研究来确定背后的原因和影响因素。

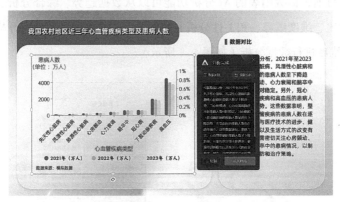

图 5-5 镝数图表的数据对比功能

异常识别

如图 5-6 所示,可以看出 2021 年至 2023 年各种心血管疾病的发病人数。

在这些数据中，没有明显的离群值或异常点。然而，可以观察到一些趋势，比如高血压、下肢动脉疾病和冠心病的发病人数在逐年下降，这可能反映了相关疾病的预防和治疗取得了一定的成果。另外，心房颤动、心力衰竭和脑卒中的发病人数相对稳定，但仍然是较高的数字，这表明这些疾病仍然是公共卫生领域的重要挑战。综合来看，这些数据可以为相关领域的决策提供参考，以制定更有效的预防和治疗策略。

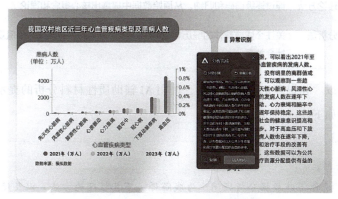

图 5-6　镝数图表的异常识别功能

从分析的结果来看，镝数图表的 AI 分析不仅全面还非常快捷，这为我们开展量化分析提供了新的工具和手段。

5.5　AI 辅助质性材料分析

质性材料分析对论文撰写也是至关重要的，质性材料分析是指对前期收集到的访谈内容和数据进行分析，揭示文本背后的深层含义和复杂关系，为论文提供丰富、具体的实例和深度解释。质性材料分析常见的方法包括内容分析法、扎根理论方法、叙事分析法（如表 5-1 所示）。

表 5-1　常见的质性材料分析方法及注意事项

方法	注意事项
内容分析法	对数据的主题、观点、概念和理论进行归纳和总结
扎根理论方法	通过逐级编码和归纳，从原始数据中提炼出核心概念和理论
叙事分析法	关注个体或群体的经历、故事和情感，探究背后的意义、价值观和社会关系

以"扎根理论方法"为例，使用 AI 辅助质性材料分析的提示词示例如下。

> **❓ 问：**
> 请你扮演数据分析顾问，为我解释一下扎根理论方法，以及使用扎根理论方法的注意事项，并举例进行说明。
>
> **🅰️ AI 回答：**
> 扎根理论（Grounded Theory）是一种定性研究方法，它强调从数据中生成理论，而不是从理论出发去收集数据。这种方法特别适用于对复杂现象的探索性研究，尤其是在那些理论尚未充分发展的领域。扎根理论的研究过程通常包括以下几个步骤。
> 1. 数据收集：通过观察、访谈、文档分析等手段收集原始数据。
> 2. 开放式编码：对收集到的数据进行初步分析，识别出数据中的关键概念和类别，并对它们进行编码。
> ……
> 6. 理论抽样：根据理论发展的需要，有选择性地收集更多数据，以进一

步验证和细化理论。

使用扎根理论方法的注意事项如下。

1. 数据敏感性：研究者需要具备对数据的敏感性，能够识别和追踪数据中的关键概念。

2. 数据的原始性：扎根理论强调从原始数据中生成理论，因此数据应尽可能真实、全面。

……

7. 研究者的反思：研究者需要反思自己的偏见和立场，确保研究的客观性。

8. 理论的适用性：生成的理论应具有广泛的适用性，能够解释和预测相关现象。

举例说明如下。

假设我们想要研究"农村地区老年人的社交活动如何影响他们的心理健康"，使用扎根理论方法，我们可以这样做。

1. 数据收集：通过访谈、观察和文档分析等手段，收集农村地区老年人的社交活动数据。

2. 开放式编码：识别出社交活动中的关键概念，如"社交频率""社交质量""社交动机"等，并进行编码。

……

6. 理论抽样：根据理论发展的需要，继续收集数据，验证"社交质量"与"心理健康"之间的关系。

通过这样的过程，我们可以生成一个关于农村地区老年人社交活动与心理健康之间关系的理论，这个理论是从实际数据中发展出来的，具有扎实的实证基础和较高的可验证性。

下面针对心脏病患者，虚拟一段访谈内容，并借助 AI 对访谈内容进行三级编码。

❓ 问：

请运用扎根理论的三级编码方法，对以下访谈内容进行分析。先把访谈内容按句拆分，然后针对每句话进行分析和编码，将分析的结果以表格的形式输出。访谈内容如下：略。

🅰 AI 回答：

根据扎根理论的三级编码方法，以下是对访谈内容的分析和编码，以表格形式输出（此处仅展示前 10 行）。

访谈内容	开放编码	轴向编码	选择性编码
我认为自我管理就是患者自己主动参与到疾病的治疗和康复过程中	主动参与	自我管理策略	自我管理的核心
通过改变生活方式、合理用药、定期检查等方式来控制病情	生活方式改变、合理用药、定期检查	疾病控制方法	自我管理实践
自我管理对心脏病患者来说至关重要	重要性	疾病管理价值	自我管理的核心
自我管理能够帮助我们更好地控制病情，减少住院次数，提高生活质量，甚至延长寿命	病情控制、住院次数减少、生活质量提高、寿命延长	健康效益	自我管理实践
我每天都会按时服药	按时服药	遵医行为	自我管理实践
保持低盐低脂的饮食，避免油腻和高胆固醇的饮食	健康饮食	生活方式调整	自我管理实践
定期去医院做心电图和血压检查	定期检查	健康监测	自我管理实践

续表

访谈内容	开放编码	轴向编码	选择性编码
我每天都会进行适量的运动	适量运动	健康生活方式	自我管理实践
自我管理过程中,我遇到的最大挑战就是坚持健康的生活方式	坚持挑战	自我管理挑战	自我管理实践
面对美食的诱惑,真的很难控制自己	美食诱惑	诱惑控制	自我管理实践

AI 以很快的速度完成了编码的工作,但是从编码的结果来看,与人相比,AI 提供的编码比较机械。在这种情况下,研究者可以根据自己的经验并融入专业知识,在 AI 输出内容的基础上进行调整和优化。编码完成后,就可以进行理论构建环节了。参考提问方式如下。

> **问:**
> 请你在以上资料的基础上,提炼出核心范畴,构建故事线,接着搭建一个理论框架,用流程图展示理论框架中的要素关系,输出 Mermaid 代码块,并对理论框架中的核心要素进行解释。
>
> **AI 回答:**
> 基于提供的访谈内容和扎根理论的编码,我们可以提炼核心范畴,构建故事线,并搭建一个理论框架。
> 故事线:一位心脏病患者深知自我管理对于疾病控制的重要性。他主动接受治疗,通过合理用药、定期检查和保持健康生活方式来控制病情。

尽管面临诸如美食诱惑等挑战,他依靠自我约束力和毅力坚持下来。患者意识到医疗资源和信息支持的重要性,并积极参与健康讲座和培训活动,以提高自我管理能力。他期望未来有更多的政策和技术支持,如远程医疗,来帮助农村地区的心脏病患者更好地进行自我管理。

理论框架要素如下。

1. 自我管理意识:认识到自我管理的重要性。

……

5. 个人品质:自我约束力和毅力在自我管理中的作用。

核心要素解释如下。

1. 自我管理意识:其是自我管理过程的起点,即患者认识到自我管理的重要性。

……

6. 病情控制:其是自我管理的最终目标。通过上述要素的相互作用,患者能够成功地控制病情。

这个理论框架展示了心脏病患者自我管理的多维度要素及其关系,为理解和改善心脏病患者的自我管理提供了一个结构化的视角。

以下是理论框架的 Mermaid 代码块(节选)。

A [自我管理意识] --> B [自我管理策略]

B --> C [合理用药]

B --> D [健康饮食]

B --> E [定期检查]

B --> F [适量运动]

C --> P [病情控制]

D --> P

E --> P

F --> P

最后，我们将 AI 提供的代码块输入 Mermaid 图表绘制工具，可以得到一个完整的主题理论框架（如图 5-7 所示）。

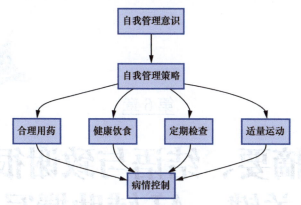

图 5-7 "心脏病患者的自我管理能力"主题理论框架

上文展示的是运用 AI 通过扎根理论分析质性材料的方法，由于提供的只是少量的模拟访谈内容，因此 AI 生成的理论框架并不完善，但是其结构和分析过程可以供研究者参考。研究者在具体操作时可以进一步提供更多的原创研究资料，以得到更准确的分析结果。

除了扎根理论方法，还可以采用内容分析法、叙事分析法对质性材料进行分析。总之，借助 AI 进行基础的数据分析工作，可以让研究者将更多的时间用于深度思考研究对象的规律，并提出具有建设性和创新性的见解。

第6章

摘要、结语与致谢很关键，AI 辅助撰写更出彩

摘要是一篇论文的重要组成部分，是一篇文章浓缩的精华部分，评审专家通过阅读摘要就能知道研究者文章的总体结构和内容安排。在摘要里，研究者需要向读者交代研究背景、研究目的、研究方法、研究结果和研究结论，以便于读者快速了解研究的概况。在摘要写作过程中须以客观视角来进行陈述，不得对研究进行主观性的评价。

结语在不同的论文类型中有着不同的表述，可以以"结论""结论与展望"等形式出现。结语一般是论文的最后一章，用来对论文研究的方法、过程、结果进行总结，对不足之处进行反思，对未来的研究方向进行展望。

6.1　怎样借助 AI 写出令专家满意的摘要？

1. 摘要的要素

首先，我们需要了解摘要的构成，一篇完整的摘要一般包含以下 5 个要素：研究背景、研究目的、研究方法、研究结果和研究结论。

（1）研究背景。研究背景是摘要的开头部分，需要明确地指出研究的问题或主题是什么，描述问题的背景和重要性，解释为什么这个问题值得研究。陈述的问题应该是研究的核心，所有后续的研究活动都围绕它展开。但是请注意，在进行问题陈述时避免提及过多技术细节，同时应避免表现出任何个人偏见或预设立场，应该客观地呈现问题。

（2）研究目的。研究目的主要解释进行这项研究的原因，包括研究的必要性和预期的贡献。这部分内容应直接回应可能出现的质疑，比如"为什么要做这项研究？有什么用？"研究目的还应该阐明本研究与现有其他研究有什么关系，特别是如何填补知识空白或对现有理论、实践的贡献，这有助于表明研究的独特性和价值。好的研究目的阐述，可以吸引读者的注意力，并促使他们深入阅读整篇论文。

（3）研究方法。研究方法描述研究中使用的主要方法或实验设计，包括数据收集和分析的方法。在描述时，需要有足够的信息以展示研究的严谨性。如果在研究中使用了特殊的工具、设备或数据集，一定要说明，并且向读者解释清楚为什么这些工具、设备或数据集适合解决研究中的问题，这会为论文摘要增色不少。当然由于篇幅限制，尽量使用清晰、直接的表达来说明所采用的方法，避免过多的技术细节或专业术语，除非它们对理解研究至关重要。

（4）研究结果。研究结果主要描述研究的发现，包括数据、观察或实验的结果。结果应该是具体的，但不需要详细解释数据的含义。如果有多个结果，需要列出关键点。研究结果是摘要中展示研究输出的重要部分。它向读者展示了研究的具体成果，是评估研究成功与否的关键。清晰、准确地描述研究结果可以有效地传达研究的价值和意义。要注意，摘要中的研究结果要与正文中的数据和分析相一致，千万不能犯低级错误。

（5）研究结论。研究结论部分需要基于研究结果，简要说明研究的意义或影响，在描述时可以提及对现有理论、实践或未来研究的潜在影响。但是要避免过多的推测或不必要的推广，保持结论与结果的一致性。研究结论应与摘要中的其他要素（如研究背景、研究目的、研究方法等）保持一致，形成连贯的叙述。

2. 摘要的特征

在开始撰写摘要前,我们应该了解摘要的特征,主要有以下四点。

(1)言简意赅。摘要,顾名思义,就是"摘论文的要点"。好的论文摘要主题突出,简明扼要,把文中最有价值的关键信息用浓缩性的语言展现给读者,使其能在短时间的论文浏览中,对作者的思想、观点和见解感兴趣,从而产生持续阅读的欲望。

(2)类别分明。作者应根据不同的研究内容来确定摘要性质。首先确定论文的性质,以此决定是写报道性摘要、指示性摘要还是报道-指示性摘要,然后根据各种摘要的性质和语言特点来撰写。

(3)结构固定。论文摘要通常由开头句、展开句和结尾句三部分构成。开头句一般为主题句,即开门见山地点明主题。展开句进一步阐明主题句的具体内容,指出研究背景、方法、分析过程及论点等。结尾句给出研究结果和结论或补充交代研究意义。

(4)内容完整。论文的功能和作用决定了论文摘要的要素。研究结果和研究结论是重点,不能省略。研究方法和研究结果十分重要,需要详细交代。如果研究目的是显而易见的,就不必单独写出,只有需要强调研究目的或研究目的的特殊性时,才需要明确交代研究目的。

了解了论文摘要的特征后,我们可以使用 AI 辅助进行摘要的写作,并要求 AI 提供结构化的模板。提示词示例如下。

> **❓ 问:**
>
> 请你扮演机械工程领域的专家,为我写一份示范性的硕士论文摘要,并总结出写摘要的结构化模板。要求摘要准确、简练、连贯地反映论文的要点,避免使用主观性语句,字数控制在

500字左右。我的论文主题是"基于绳驱动机械臂的研究与设计"。

AI 回答:

【摘要】

随着工业自动化的快速发展,机械臂作为自动化生产线的重要组成部分,其性能直接影响到生产效率和产品质量。本研究旨在设计并实现一种新型的绳驱动机械臂,以提高机械臂的灵活性、精度和可靠性。

传统的机械臂多采用电机直接驱动关节,存在体积大、重量重、成本高等问题。首先,本研究对绳驱动机械臂的工作原理和设计要求进行了深入分析。其次,基于动力学和运动学原理,建立了绳驱动机械臂的数学模型,并进行了仿真分析。本研究采用有限元分析对绳驱动机械臂的结构强度进行了评估。实验结果表明,所设计的绳驱动机械臂在负载能力、运动速度和精度方面均达到了预期的设计目标。与传统机械臂相比,该机械臂具有更高的性价比和更强的适应性。

本研究成功设计了一种新型的绳驱动机械臂,……

结构化模板如下。

【摘要】

随着现代工业的快速发展,[研究内容]在各个领域的应用越来越广泛。本文针对[研究领域]中的关键问题,研究了一种基于[研究方法]的[研究内容]。通过对系统的建模、分析和仿真,验证了该方法的有效性和可行性。

本研究旨在[研究目的],以满足现代工业对[研究需求]的需求。首先,对[研究领域]的基本原理和[研究方法]进行了深入研究。然后,建立了系统的数学模型,并设计了相应的[研究内容]。最后,通过仿真实验验证了所设计[研究内容]的性能。

本文的主要研究方法是理论分析和仿真实验。首先,通过对[研究领域]

的基本原理和[研究方法]的研究，为后续的[研究内容]设计提供了理论基础。然后，利用[仿真软件]建立了系统的数学模型，并设计了相应的[研究内容]。最后，通过仿真实验验证了所设计[研究内容]的性能。研究结果表明，所设计的[研究内容]具有良好的[性能指标]和稳定性。与传统的[对比方法]相比，[研究内容]在系统响应速度、稳态误差和鲁棒性等方面具有明显优势。此外，本文所提出的方法还具有较强的通用性，可应用于其他类似的[研究领域]。

综上所述，本文提出了一种基于[研究方法]的[研究内容]设计方法，并通过理论分析和仿真实验验证了该方法的有效性和可行性。该方法具有较高的应用价值，可为[研究内容]的设计和优化提供参考。

由于摘要是根据论文的研究背景、研究目的、研究方法、研究结果、研究结论等进行总结的，因此，在对 AI 提问时，应该尽可能多地从这几个方面列出具体的信息，从而得到更加贴合论文实际情况的摘要。也可以按照摘要的结构，分步骤询问 AI，最后再将内容进行汇总和完善。

除了整体框架式提问，我们还可以从以下角度使用 AI 辅助撰写摘要。参考提示词如下。

1. 请你扮演我的论文写作辅导老师，指导我撰写论文摘要，要求突出我的研究如何利用深度学习技术来提高癌症诊断的准确性，并且简要介绍论文的研究方法、主要发现和这项研究的潜在影响。我的论文主题是"利用深度学习技术提高癌症诊断的准确性"。

2. 我需要在摘要中明确阐述我的研究目的和主要问题，请问应该如何有效地引入这些信息？

3. 请提供一个结构化的摘要模板，包括研究目的、方法、结果和意义。

4. 我的研究方法是 [具体方法]，请向我描述如何将其融入摘要。

5. 如何在我的摘要中突出研究的创新点和潜在应用？

6.2　关键词选择不当？ AI 给你提供更好的选择

关键词是学术论文中不可或缺的重要组成部分，对于论文的录用、检索和利用具有举足轻重的作用。根据 CY/T 173—2019《学术出版规范　关键词编写规则》，关键词被定义为表达学术论文主题内容的词或词组。

关键词在学术论文中起着至关重要的作用，它们能够准确并充分揭示论文的主题内容，帮助读者更好地理解和检索论文。正确的关键词还可以增加论文被引用的机会，提高论文的曝光度和引用率。

关键词的来源主要有以下 3 个方面。

（1）根据研究主题提取主题性关键词：代表论文研究主题和研究问题的关键词。

（2）根据研究框架提取过程性关键词：代表论文研究过程（理论、方法、模型、变量等）的关键词。

（3）根据研究结论提取结果性关键词：代表论文研究结果、研究结论的关键词。

论文关键词的数量一般为 3～5 个。每个类型的关键词提取一个之后，多出来的关键词一般而言是根据自己的研究主题拓展出来的关键词，是研究主题的上级、下级或平行概念。

我们可以通过观察一篇论文来分析其关键词是否符合上述特征，

参考论文如图 6-1 所示。

基于 CODESYS 平台的移动机械臂运动控制系统设计

摘要：针对传统六关节机械臂操作空间有限的问题，以移动底盘和 Elfin05 机械臂为控制对象，采用 ARM+CODESYS 架构和 PLCopen 规范设计了一款移动机械臂运动控制器。首先根据 MD-H 参数与坐标变换思想建立移动机械臂正运动学模型，基于关节角参数化解析法简化移动机械臂的冗余度进行逆运动学求解，并设计相应运动学功能块；其次采用分布式控制思想设计控制模块，以 SM3_CNC 库为基础设计了机械臂的点到点运动控制功能块。基于 Backstepping 法设计了移动底盘的跟踪控制功能块；再次以 Visualization 模块为基础设计人机交互界面；最后以该机器人为实验对象进行实验，实现了移动底盘与机械臂的协同运动，增加了传统六关节机械臂可操作空间，并验证了该运动控制器设计的有效性。

关键词：CODESYS；移动机械臂；运动控制器；运动学

图 6-1 参考论文

从这篇论文中我们可以看到，这些关键词分别体现了论文研究中的一些要素，分析情况如下。

CODESYS：研究平台，用于设计移动机械臂运动控制器。

移动机械臂：研究对象，全文围绕其设计和研究展开。

运动控制器：研究对象的组成部分，用于控制移动机械臂的运动。

运动学：设计维度，涉及机械臂的正运动学模型和逆运动学求解。

了解了关键词提炼的基本原则后，那么我们该如何借助 AI 提取关键词呢？以下是向 AI 提问的示例。

> **❓ 问：**
>
> 请你担任我的论文写作辅导老师，帮助我提炼论文关键词，我的论文主题是"基于绳驱动机械臂的研究与设计"。请根据论文主题和提供的摘要，从研究主题、研究框架、研究结论等方面提炼 5 个关键词，每个关键词不得超过 5 个字，并对关键词进行排序。排序原则为核心概念优先、规范词语优先、文中出现

顺序优先。摘要：略。

AI 回答：

根据您提供的论文主题和摘要，以下是提炼出的 5 个关键词，按照核心概念优先、规范词语优先、文中出现顺序优先的原则进行排序：

绳驱动（绳驱动技术作为论文的核心概念，是研究的出发点和基础）；

机械臂（研究对象，全文围绕机械臂的设计和研究展开）；

视觉追踪（研究中的一个重要功能，体现了机械臂的高级应用）；

运动学分析（研究框架中的一个重要部分，涉及机械臂的理论基础）；

性能测试（研究结论的体现，展示了机械臂的实际性能）。

这些关键词精练地概括了论文的主要研究内容和成果，有助于读者快速把握论文的核心要点。

我们可以将 AI 提供的回答和原文进行对比，原文的关键词如下：绳驱动；自动张紧装置；机械臂；ROS；机械臂导航；视觉追踪。

通过对比发现，AI 提炼的关键词和原文关键词都包括核心概念和研究对象，但是也会出现一些差异。因为角度不同，对关键词的提取和判断也会不同。总之，论文关键词没有一个完全固定的标准答案，只要能够帮助读者检索文章、识别文章的核心内容就可以了。

除了通过给定摘要来让 AI 提炼关键词，我们还可以从其他角度来试一试，参考提示词如下。

1. 对于 [研究主题]，请推荐几个相关的关键词。
2. 我的论文摘要提到了 [具体概念]，请确认这些概念是否适合作为关键词。
3. 我想提高论文的可见性，应该选择哪些热门或趋势关键词？
4. 请帮我减少关键词数量，并选择最能反映论文主题的关键词。

6.3 怎样写专家"高赞"的结语?

撰写一篇论文是一项重要任务,而一段出色的结语往往能为整篇论文锦上添花,给读者留下深刻印象。然而,很多人在撰写论文结语时经常遇到困难,不知道如何恰到好处地总结研究成果。结语一般包含以下要素。

(1)总结研究成果。在论文的结语部分,首先要对研究成果进行全面总结。可以回顾研究目标和方法,并简要概述研究成果。请注意,要突出重点,凸显研究成果的重要性。

(2)总结对研究领域的贡献。除了总结个人的研究成果,还可以强调自己的研究对所在领域的贡献。这可以突出研究的重要性以及对学术界和实践应用的价值。

(3)讨论研究的局限性和不确定性。在结语部分,要客观地讨论研究的局限性和不确定性。这有助于展示研究者对研究的客观态度,并为读者提供对未来研究的思考方向。

(4)总结引用文章。在论文的结语部分,可以总结引用的主要参考文献并表达对前人工作的由衷感谢。这不仅体现了学术尊重,也为自己的研究提供了更充分的学术支持。

(5)展望进一步的应用和实践。在结语部分可以展望研究的进一步应用和实践。这可以为读者提供一些实际应用的思路,并强调自己的研究对社会和行业的积极影响。

那么如何通过向 AI 提问辅助撰写结语呢?以下是示例。

问:

你现在是机械工程领域的专家,请你担任我的学术写作辅导老师，基于提供的参考资料内容，进行加工和延伸，辅导我完成论文结语部分的撰写。要求在语言上保持学术性和专业性，使用更为具体和精练的语言。参考资料：略（论文研究相关资料）。

AI 回答：

在本研究中，我们提出了一种创新的绳驱动机械臂设计，旨在克服传统电机驱动机械臂在维护成本和灵活性方面的局限性。通过深入分析绳驱动系统的工作原理，我们开发了一系列针对张力控制、传动效率和精确定位等关键设计挑战的创新解决方案。这些解决方案不仅提升了机械臂的性能，还显著降低了其成本，并增强了其在复杂操作环境中的适应性。

我们的仿真实验结果表明，所设计的绳驱动机械臂在负载能力、运动范围、精度和稳定性方面均达到了预期的性能指标。这些结果验证了设计方案的有效性，并为机械臂在工业自动化、医疗和服务业等领域的应用提供了坚实的基础。

尽管本研究取得了显著的成果，但我们认识到绳驱动机械臂在实际应用中仍面临一些挑战。例如，绳索的磨损、寿命和维护问题需要进一步研究和改进。未来的工作将集中在以下几个方面。

材料科学的进步：……

控制策略的优化：……

智能化维护系统：……

特定应用的定制化设计：……

随着自动化和机器人技术的不断发展，绳驱动机械臂因其独特的优势，预计将在机器人技术领域扮演越来越重要的角色。我们相信，通过不断的技术创新和跨学科合作，绳驱动机械臂将为未来的机器人技术进步做出重要贡献，并在多个领域中实现更广泛的应用。

请注意，上述结语是 AI 根据我们提供的资料和一般的学术写作原则构建的。在实际撰写时，我们可能需要根据研究的具体内容和结果进行调整，以确保结语与研究内容紧密相关。如果我们想让 AI 对我们撰写的结语给出有针对性的意见，可以参考如下提示词。

> 1. 请帮我总结研究的主要发现，并重申研究目的。
> 2. 如何在我的结语中概括研究的关键发现？
> 3. 如何在我的结语中讨论研究的理论和实际意义？
> 4. 我想提出未来研究方向，应该考虑哪些因素？

6.4　摘要与结语太相似？ AI 教你怎么改

通过前面的学习，很多人会发现论文的摘要和结语在内容上有一定的重复，有时重复率超过 70%，甚至 90%。尽管摘要和结语这两部分在内容上具有一定的相似性，但是写作的重点却不一样，其区别主要如下。

1. 内容不同

期刊论文的摘要有 3 个基本要素：研究目的、研究方法、研究结果/结论。学位论文的摘要通常包括研究背景、研究目的、研究方法、研究结果和研究结论。

结语是对全文的总结，包括研究结论、创新之处、研究不足等，以及有待进一步研究的问题或未来研究展望。

2. 功能不同

摘要相当于论文的简介，侧重于介绍，可独立成文。看完摘要，读者就能够对全文有大致的了解。

结语是对全文的总结，侧重于反思。其要提炼研究结论、创新与不足等，比摘要的内容更多，也更详细。

3. 写作要求不同

摘要部分通常不出现图、表、公式、注释等，不能进行自我评价。

结语部分可以适当出现图、表、公式、注释（自然科学类的论文常有，人文社科类的论文很少出现），允许进行自我评价（创新之处、研究价值）。

4. 面向的对象不同

摘要主要是写给尚未阅读全文的人看的，以供其了解论文的大致内容。

结语主要是写给读过论文的人看的，以让其了解论文的重要内容和学术贡献。

如果在撰写摘要和结语时出现内容重复的问题，该怎么去修改呢？下面将展示向 AI 提问的示例。

> ❓问：
> 你现在是机械工程领域的专家，请帮我检查我的论文摘要和结语是否相似度过高。如果相似度过高，请帮我判断哪一部分需要重写，并帮我重写。
> 我的摘要：略。我的结语：略。（根据实际情况提供）

> **AI 回答：**
>
> 从您提供的摘要和结语来看，确实存在一定的相似度，尤其是关于绳驱动机械臂的优势、设计理念。为了降低相似度并提高论文的原创性和深度，以下是一些建议和重写的内容。
>
> 摘要重写建议如下。
>
> 背景介绍：可以更具体地说明当前机械臂技术的局限性，以及绳驱动机械臂为何成为研究的热点。
>
> 研究内容：强调您研究中的创新点，比如特定的设计元素或控制策略。
>
> 研究方法：简要介绍您采用的仿真实验方法，以及它们如何帮助您验证机械臂的性能。
>
> 结论：可以简要说明您的研究结果。
>
> 结语重写建议如下。
>
> 研究结果：更详细地描述实验结果，包括具体的性能指标和与现有技术的比较。
>
> 设计优化：具体说明您在设计中采取的优化措施，以及它们如何影响机械臂的性能。
>
> 挑战与未来工作：详细阐述目前面临的挑战，并提出具体的未来研究方向或改进措施。
>
> 应用前景：更深入地探讨绳驱动机械臂在特定领域的潜在应用，以及它们如何推动行业发展。
>
> 摘要重写示例如下。
>
> 随着自动化和机器人技术的飞速发展，机械臂在多个领域扮演着日益重要的角色。尽管电机驱动机械臂在力量输出和精度控制方面取得了显著进展，但其在维护成本和灵活性方面的局限性促使我们探索新型驱动机制。……
>
> 结语重写示例如下。
>
> 本研究成功开发了一种基于绳驱动的机械臂，并通过理论分析、仿真实

> 验，全面验证了其在力量输出、精度控制和维护成本方面的优势。与传统电机驱动机械臂相比，绳驱动机械臂展现出更高的灵活性和适应性，满足了多样化的应用需求。……

通过 AI 辅助，我们不仅降低了摘要和结语之间的相似度，还增加了内容的深度和原创性，使论文更加完整和有说服力。

6.5　人机协同撰写致谢

论文致谢部分是研究者向对本论文完成和研究工作提供帮助、支持和鼓励的人或组织表示感谢的一段文字。致谢没有固定的体裁和标准，只要表达出研究者的诚意即可。但是，依旧有不少人在写致谢时出现困惑，此时不妨使用 AI 进行辅助撰写。需注意的是，致谢是抒发情感的一种表达方式，AI 写出的文字缺少温度和感情，在语言逻辑上也略显严肃和刻板。因此，研究者一定要坚持"人机协同"原则，用自己的智慧为 AI 注入灵魂。

为了让 AI 辅助撰写的致谢更有人情味，研究者在提示词中应该尽可能多地提供致谢的细节。以下是让 AI 辅助撰写整篇致谢的提示词示例。

> 请你扮演我的论文写作辅导老师，帮助我完成论文致谢部分的撰写。首先，要感谢的人有：导师（何老师）、辅导员（蔡老师）、同学和室友、家人。其次，要感谢的人有：给我论文提供参考的学者和专家，给我的论文提出宝贵意见的评委和老师。最后，要感谢的人有：参与问卷调查和深度访谈的机构和朋友。语言上注重文采，在开篇和结尾处需引经据典，体现出感谢的诚意。字数控制在 500 字以内。

如果研究者只需要 AI 辅助撰写致谢中的一部分内容，可以采用如下的提问方式。

1. 如何恰当地表达对参与研究的同事和合作者的感谢？
2. 如何恰当地表达对资助机构的感谢？
3. 请给出一个致谢同行反馈和建议的示例文本。

第 7 章

AI 辅助翻译与润色，让论文更专业

论文的初稿完成后，便可进行翻译和润色。在学术研究中，论文是知识的载体，论文的语言表达体现着研究者的学术水平。当我们作为非英语母语者遇到语言障碍时，或当发现论文存在大量的瑕疵时，我们可以借助 AI 来增强论文的本土化、专业化表达，提升论文的可读性和规范性。无论是对专业术语的准确运用，还是对复杂句式的流畅表达，AI 都能提供个性化的建议。

7.1　AI 辅助学术翻译的优势在哪里？

学术翻译在论文写作中扮演着重要的角色，它不仅能帮助英语非母语的研究者将研究成果介绍给国际学术界，还有助于确保学术信息的准确传播。以下是学术翻译在论文写作中的一些主要应用场景。

文献回顾：在撰写论文时，研究者需要阅读和引用大量的文献。学术翻译可以帮助他们更好地理解非母语的文献资料。

论文撰写：对于英语非母语的研究者，可能需要使用英文撰写论文以便将论文发表在国际期刊上，或者需要将中文论文的摘要部分翻译成英语，使其更符合学术规范。

专业术语的统一：学术翻译有助于确保论文中使用的专业术语在不同语言之间保持一致性，这对于保持学术严谨性至关重要。

论文校对：在论文完成后，学术翻译可以帮助研究者检查翻译的准确性和语言的流畅性，以提高论文的质量。

在 AI 大模型出现以前，学术界的翻译任务除了依靠人工翻译之外，还需要借助比较专业的翻译软件。以下列举的是常见的学术翻译软件，如表 7-1 所示。

表 7-1 常见的学术翻译软件及其特点与优势

软件名称	特点与优势
Google 翻译	支持多种语言的即时翻译，界面简洁，易于使用，支持进行整段翻译，适用于快速获取段落大意
DeepL Pro	以高质量翻译著称，特别适合学术和专业文本翻译，支持多种文件格式的文档翻译
百度翻译	支持中文与其他语言的翻译，有较好的中文翻译质量，适合中文用户使用
有道翻译	提供多种语言的翻译服务，集成有道词典，方便查询专业词汇，支持文档翻译
CNKI 翻译助手	专为学术研究设计，提供专业术语库，适合中文学术文献的翻译
SDL Trados	专业翻译软件，适合翻译团队使用，支持翻译记忆以提高翻译效率，支持自定义术语
MemoQ	具有强大的翻译项目管理功能，支持多种文件格式，提供翻译质量保证工具

除了人工翻译和专业软件翻译，AI 的出现给论文写作中的翻译工作带来了新的启发和灵感。那么，AI 辅助学术翻译的优势到底体现在哪里呢？

1. AI 可以给出不同版本的翻译

和传统的翻译软件相比，AI 辅助学术翻译的灵活性体现在提示词的设定上，研究者可以通过提示词要求 AI 给出多个版本的翻译，并且可以随时进行调整。以下为提示词示例。

问：

你是一个英文学术论文写作专家,以下是一篇学术论文中的一段内容,请将其翻译为英文,并将此部分润色以满足学术标准,提高语法准确性、内容清晰度和整体可读性,给出3个不同风格的结果。需要翻译的内容:随着集成电路芯片设计水平和制造技术的提高以及电子元器件微、小型化发展,传统的回流焊和波峰焊技术难以满足微电子元器件高集成化的组装要求;短波长、高效率的半导体激光软钎焊接技术具备独特热源、极细焊点尺寸、局部加热等特性,可实现对精密电子元器件的快速、高质量焊接。

AI 回答:

以下是对您提供的中文段落的英文翻译,已润色以满足学术写作标准。我将提供3种不同风格的翻译,以展示语法准确性、内容清晰度和整体可读性的提升。

翻译一:学术正式风格。

As the design and manufacturing capabilities of integrated circuit chips advance, along with the miniaturization of electronic components…

翻译二:简洁明了风格。

With the progression in the design and fabrication of integrated circuits and the trend towards miniaturization in electronic components,…

翻译三:详细描述风格。

In the realm of integrated circuit chip design and production, there has been a significant enhancement in proficiency, paralleled by the ongoing miniaturization of electronic components…

2. AI 可按要求更改所翻译句子的语态

把好语序关，是论文翻译和润色的一大重点。以下提供一个主动语态改被动语态的提示词示例。

> **问：**
>
> 你是一个英文学术论文写作专家，以下是一篇学术论文中的一段内容，请将其翻译为英文，并将此部分润色以满足学术标准，提高语法准确性、内容清晰度和整体可读性，尽量使用被动语态。需要翻译的内容："工业4.0"的提出，使制造业的发展进入了崭新的阶段，全球智能化、信息化和网络化升级是现代制造业发展的必然趋势。焊接是现代制造业中材料成形和加工的重要技术之一，广泛应用于核能装备、航空航天、机械制造、汽车制造、船舶运输等工业制造领域，良好的焊接技术可在一定程度上提高机器设备的性能，获得事半功倍的效果。
>
> **AI 回答：**
>
> The advent of "Industry 4.0" has ushered in a new era for the development of the manufacturing industry, with the global trend towards intelligence, informatization, and networking being inevitable for the advancement of modern manufacturing…

3. AI 可模仿论文写作的风格，向高标准论文看齐

对论文撰写水平有限的研究者来说，由于科研经历不足，很难写出高质量的论文，更不用说使用英文撰写论文了。但是，在读文献的

过程中,研究者可以学习优秀的学者和专家撰写论文的方式,模仿他们的写作风格和用词技巧。那么,使用 AI 进行翻译时,应该怎么拟定提示词才可以达到模仿的效果呢?以下是一个示例。

> **问:**
> 你是一个英文学术论文写作专家,以下是一篇学术论文中的一段内容,请将其翻译为英文,并将此部分润色以满足学术标准,提高语法准确性、内容清晰度和整体可读性,尽量使用被动语态。
> 需要翻译的内容:随着集成电路芯片设计水平和制造技术的提高以及电子元器件微、小型化发展,传统的回流焊和波峰焊技术难以满足微电子元器件高集成化的组装要求;短波长、高效率的半导体激光软钎焊接技术具备独特热源、极细焊点尺寸、局部加热等特性,可实现对精密电子元器件的快速、高质量焊接。然而,激光软钎焊效果受功率密度、激光脉冲波形、激光脉冲宽度、离焦量等因素联合影响,尤其是当高密度引线焊点间距小于 0.8mm 时,焊接质量可靠性大大降低。
> 具体写作风格请参考我上传的这篇英文论文:[上传参考论文]
>
> **AI 回答:**
> 基于您提供的论文内容和风格,以下是翻译和润色后的段落。
> As the sophistication in integrated circuit chip design and manufacturing technology advances alongside the miniaturization of electronic components, traditional reflow soldering and wave soldering techniques are finding it increasingly difficult to meet the assembly requirements of highly integrated microelectronic

> devices. The soft soldering technology utilizing semiconductor lasers with short wavelengths and high efficiency offers distinctive thermal sources, extremely fine soldering point dimensions, and localized heating capabilities, enabling rapid, high-quality soldering of precision electronic components. However, the effectiveness of laser soft soldering is influenced by a combination of factors including power density, laser pulse waveform, pulse width, and defocus amount. Notably, when the pitch between high-density lead soldering points is less than 0.8mm, the reliability of the soldering quality is significantly compromised.

4. AI可理解论文写作的高级需求，同时提供多项辅助

如果需要翻译的原稿不是那么完美，在翻译的过程中研究者可以要求AI进行润色，比如提高文章学术性、精简文章语句等。以下将展示一个提示词示例供参考。

> **问：**
> 你是一个英文学术论文写作专家，以下是一篇学术论文中的一段内容，请将其翻译为英文，并将此部分润色以满足学术标准，提高语法准确性、内容清晰度和整体可读性，尽量使用被动语态，内容尽量精简，提高文章的学术性，最后为这段文字写一个主题句。
> 需要翻译的内容：在做激光软钎焊焊点实验时，将高密度引线电路板放置于工装夹具上，通过PC上位机CCD相机成像显示，

操作三轴运动平台移动聚焦于待加工电路板焊盘上；在 PC 上位机端对激光发生器功率、加热温度、加热时间以及锡膏出锡量进行设定，系统内设有光学系统聚焦点与锡膏出锡针头坐标点空间坐标转换；……红外测温仪通过光学系统实时监测焊点温度，在 PC 上位机端显示设定温度与实际测温的 T/ms 拟合图，方便工艺参数的粗略调整，其最优工艺参数由加工焊点后续实验处理得出。

AI 回答：

翻译与润色后的段落如下。

During the execution of laser soft soldering experiments, high-density lead circuit boards are positioned on the fixture jigs. The imaging of the circuit board is facilitated through a CCD camera on the PC-based upper control unit, which displays the image and allows for the precise movement of the three-axis motion platform to focus on the solder pad of the circuit board to be processed…

主题句如下。

This section of the paper details the experimental procedure for laser soft soldering of high-density lead circuit boards, emphasizing the precision and efficiency of the process through the use of advanced equipment and real-time monitoring systems.

润色理由如下。

使用被动语态：为了使文章更符合学术写作的标准，特别是在描述实验过程时，使用了被动语态以增加客观性和正式性。

内容精简与学术性：精简了句子结构，去除了不必要的细节，使得段落更加紧凑和专业化。

内容清晰度和整体可读性：通过清晰的段落结构和逻辑顺序，提高了文本的整体可读性。

专业术语：使用了专业的术语，如"CCD camera""three-axis motion platform"等，以确保专业性。

过渡性词句：使用了过渡性词句，增强句子之间的连贯性。

数据和事实的准确性：确保了描述的实验步骤和参数设置的准确性，以符合学术论文的要求。

7.2 初稿质量不高？ AI辅助润色

学术界有句俗语：高质量的论文不是写出来的，而是改出来的。一篇合格的论文往往需要经过多次修改才能达到公开发表的水平。初稿完成后，一般还需要在语言表达、内容深化等方面进行提升和优化。

论文校对

由于论文篇幅较大，难免会出现语病、错别字、敏感词汇以及标点符号等问题，人工检查不仅难以识别，且效率低下，不妨试一试让AI进行校对。参考提示词如下。

> 问：
> 你是一名资深文本校对员，仔细阅读以下文本，并找出其中的语法、拼写、标点和格式错误，确保文本信息准确、清晰且

连贯。完成后，请对照原文标注出你所发现的每一个错误，并提供正确的修订建议。文本内容：近年来。气候变化对全球的海洋生态系统造成了严重的影响。海洋温度的上升导致了珊瑚礁白化的加具，海洋生物的栖息地收到了破坏。另外，海平面的上升也威胁着沿海地区的生态系统，增加了洪涝和风暴潮的风险。

AI 回答：

在审查提供的文本后，以下是我发现的语法、拼写、标点和格式错误，以及相应的修订建议。

错误："近年来。"——句末的句号使用不当。

修订：应该将句号改为逗号，因为该句与后面的句子是连续的。正确的格式是"近年来，"。

错误："珊瑚礁白化的加具"——拼写错误，"加具"应为"加剧"。

修订：将"加具"更正为"加剧"，以确保语义正确，即"珊瑚礁白化的加剧"。

错误："海洋生物的栖息地收到了破坏"——动词使用不当，"收到了"应为"受到了"。

修订：将"收到了"更正为"受到了"，以确保语法正确，即"海洋生物的栖息地受到了破坏"。

格式：文本整体缺少段落分隔，如果这是一段较长的文本，建议在适当的地方分段以提高可读性。

修订后的文本如下。

近年来，气候变化对全球的海洋生态系统造成了严重的影响。海洋温度的上升导致了珊瑚礁白化的加剧，海洋生物的栖息地受到了破坏。另外，海平面的上升也威胁着沿海地区的生态系统，增加了洪涝和风暴潮的风险。

除了通过提示词进行论文校对，有一些 AI 支持全文校对，只需将论文文本上传，AI 工具在很短的时间内便可以完成校对任务。此外，WPS 文档工具也支持一键校对，这种功能与人工校对相比，具有快速、准确的优势。不过，由于语言表达习惯和专有名词的特殊性，也不排除 AI 校对出错的可能性，因此需要人机结合共同进行校对。

2. 论文提升

在论文初稿中，口语化表达、非专业用语等会影响论文的质量和学术水平，此时，需要进行进一步的提炼和修饰，也就是论文的提升。如果需要 AI 进行辅助，我们可以尝试像这样提问。

> ❓ 问：
>
> 请你作为一名资深论文润色专家，仔细阅读以下文本，提升文本的学术性，要求：使用正式和专业的词汇，避免使用非正式、日常或过于口头的表达方式；站在客观和中立角度进行描述，避免过于主观或情感化的描述；确保文本结构清晰，段落划分明确，每个段落的中心思想鲜明；使用过渡性的词句，如"然而""此外""根据"等，使文本的逻辑关系更加紧密；避免重复或多余的信息，确保每一句话都能为整体内容增添价值；在可能的情况下，使用被动语态使句子更加正式，但也要避免过度使用；检查文本中的数据和事实，确保其准确无误；进行多次校对，确保语法、拼写和格式都准确无误；不要改变原文意思，保持原文基本结构，与原文字数相当；标注出润色的内容，并给出理由。
>
> 待润色的文本如下：创新创业教育具有很强的实践性，除了帮

助学生掌握必要的基础理论，还要指导学生结合自身特点进行创新创业实践的探索，产出一定的创新创业成果，比如设计个人作品、开创公司、组建团队、参与社会服务等。在这个过程中，教师可以从学生的设计理念、创业宗旨、团队精神、服务目标等对学生进行思想政治教育，引导学生在创新创业实践过程中提升对个人价值观、国家发展目标关系的认识，深化对党和国家的认同，自觉提升个人对社会的奉献意识。

AI 回答：

创新创业教育具有显著的实践性特质。它不仅致力于使学生掌握扎实的基础理论知识，而且着重引导学生结合自身独特优势，深入探索创新创业实践，以期产生具有实际价值的创新创业成果，例如设计个性化作品、创立企业、组建高效团队、参与社会服务活动等。在此过程中，教师能够基于学生的设计理念、创业初衷、团队协作精神以及服务社会的目标，对学生进行深入的思想政治教育。这一举措旨在引导学生在创新创业实践中深化对个人价值观与国家发展目标之间关系的理解，强化他们对党和国家的认同感，并自觉提升个人的社会责任感与奉献精神。

润色理由如下。

使用正式和专业的词汇：如"特质""扎实""独特优势""高效团队"等，这些词汇提升了文本的学术性和专业性。

避免使用非正式、日常或过于口头的表达方式：删除了原文中的"比如"等口语化表达，替换为更正式的"例如"。

站在客观和中立角度进行描述：保持文本客观中立，避免主观情感色彩。

使用过渡性的词句：如"在此过程中""这一举措旨在"等，使文本的逻辑关系更加紧密。

> 避免重复或多余的信息：删除了原文中可能造成意思重复的表达。
>
> 检查文本中的数据和事实：由于原文未涉及具体数据和事实，此步骤在润色过程中未进行。
>
> 进行多次校对：确保语法、拼写和格式无误。
>
> 保持原文意思，保持原文基本结构，与原文字数相当：在润色过程中，未改变原文的基本意思和结构，同时保持了与原文字数相当。

3. 论文扩写

如果论文初稿中某些段落和句子过于单薄、缺乏深度，可以通过扩写来丰富内容，借助 AI 可以实现快速扩写。具体提问方式示例如下。

> **❓ 问：**
>
> 请将以下句子扩写。在进行扩写时，你需要在保持原文核心意思的同时，对内容进行适当的扩展。以下是具体步骤。
>
> 1. 对于需要扩展的部分，提炼出核心观点，增加必要的细节，以增强论文的丰富性和逻辑性。
>
> 2. 在扩写过程中，确保文本的每个部分都与论文整体的风格和目的保持一致。
>
> 3. 检查扩写后的文本，保持信息的准确性和完整性。
>
> 需要扩写的句子：社会网络对人们的社会交往产生了深远影响。
>
> ---
>
> **🅰 AI 回答：**
>
> 社会网络作为现代社会的重要组成部分，对人们的社会交往产生了深远且多方面的影响。它不仅改变了人们传统的交流方式，使得信息传

播更为迅速、广泛，还为人们提供了更多结识新朋友、拓展社交圈的机会。

4. 论文缩写

当论文中某些片段太过臃肿和复杂时，需要对文字进行删减和精炼，但同时要保留核心观点。此时，可以通过AI来解决这个问题。参考示例如下。

> **问：**
> 请将以下内容缩写。在进行缩写时，你需要在保持原文核心意思的同时，对内容进行适当的压缩。以下是具体步骤。
> 1. 对于需要压缩的部分，提炼出核心观点，去除不必要的细节，以增强论文的逻辑性。
> 2. 在缩写过程中，确保文本的每个部分都与论文整体的风格和目的保持一致。
> 3. 检查缩写后的文本，保持信息的准确性和完整性。
> 需要缩写的内容：言传身教一直以来就是思想政治教育最经典的教育方式之一，无论是在我国的思想政治教育史还是在国外的思想政治教育史中，其都有着不可忽略的地位。在新的时代，教师在教学活动中所表现出来的信仰、行为等，依然对学生在思想政治教育方面起着非常重要的示范作用，是一种无声的教育。教师在开展创新创业教学或者开展创新创业活动过程中，要做好榜样和表率，给学生传递正能量，以自身的行为来感染学生。

AI 回答：

言传身教是思想政治教育的重要方法，其地位在国内外思想政治教育史上均不可忽视。新时代背景下，教师的信仰、行为对学生仍具有深远的示范效应，是无声的教育力量。在创新创业教育中，教师应发挥榜样作用，传递正能量，以自身行为感染学生，引导他们树立正确的价值观，为他们的成长和发展提供积极的引导。

5. 论文改写

在论文初稿中如果出现了前后文风格不一致、逻辑不清晰、术语不统一等问题，可以通过改写来完善。如果需要使用 AI 辅助论文改写，可以参考如下提示词。

问：

请你对以下内容进行改写，运用你的专业知识和语言技能，创造性地构建全新的表达方式。在改写过程中，注意以下几点。

1. 调整语序，以改变句子，避免与原文结构相似。
2. 增减字数，通过扩展或压缩句子来调整信息密度，增强或简化论点。
3. 替换同义词，但需确保替换词与原意相符，且在学术语境中恰当。
4. 保持逻辑性，确保改写后的文本在结构和论点上连贯一致。
5. 符合论文规范，注意学术风格和格式要求。

需改写的内容：高校创新创业教育与思政教育融合是新时代培养人才的创新举措和大势所趋，也是落实思想政治教育任务的新的形式。高校开展创新创业教育旨在落实国家创新驱动发展战略、为社会培育新型创新人才；开展思想政治教育则意在培养具有思想道德、政治觉悟和文化素养的全面性人才。将创新创业教育与思想政治教育有效地进行融合，能够更好地推动高校完善培养高层次人才、落实立德树人根本任务的体制与机制，对高校探索培养既有创新精神又有爱国主义情怀、既有实干精神又有社会责任感的时代新人具有重要的实践意义。

AI 回答：

在当前时代背景下，高等教育机构将创新创业教育与思想政治教育相结合，被视为一种培养人才的创新策略，并且是教育发展的必然趋势。这种融合不仅是实现国家创新驱动发展战略的关键步骤，也是社会对新型创新人才需求的响应。

通过有效整合这两类教育，高等教育机构能够优化人才培养体系，以培育具有创新精神和爱国主义情操，以及具备实践能力和社会责任感的高素质人才。

6. 论文降重

撰写论文的过程中极易出现前后内容重复、正文内容与参考文献高度重复等问题，相似度过高会降低论文的原创性，如果论文重复率没有控制在合理的范围之内，可能面临学术诚信的问题。因此，论文降重也是一项非常重要的工作，而 AI 可以帮助研究者降重。具体操作可以参考如下示例。

问：

请你对以下内容进行重写，以提高论文原创性和多样性、降低重复率。请遵循以下步骤。

1. 分析原文中的句子结构，识别出可能引起内容重复的句型。
2. 改变句子结构，例如，将简单句变为复合句，或使用不同的连接词和短语。
3. 加入可替代的表达方式，如使用不同的引导词、过渡短语或修辞手法。
4. 避免任何连续 5 个字与原文完全相同[1]，以降低相似度。
5. 确保改写后的句子语法正确，且在学术语境中表达恰当。
6. 保持文本的学术性和逻辑性，确保每个句子都有效地支持论文的论点和结构。

需要改写的内容：

钎焊是现代焊接技术的三大主要组成部分之一，它和熔焊和压焊方法有着本质的区别。常规钎焊采用比母材熔化温度低的填充材料（钎料），加热温度低于母材固相线而高于钎料液相线，借助钎料熔化填满母材间隙，然后冷却形成接头的一种焊接技术。

激光钎焊的可选钎料范围很大。根据激光本身特有的优越性，激光钎焊对于钎料的熔点、合金成分等方面的要求均不是特别苛刻，这在无铅化之后的钎料焊膏选择方面提供了更宽更广的空间。例如对于无铅软钎料，其他钎焊工艺难以实现在 280℃以上的加工，而使用高功率半导体激光器进行钎焊就很容易实现。激光软钎焊虽然尚处于研究阶段，但具有"选择性"钎焊的特点，特别适用于微、细间距元器件的精密连接，是近年国内外研究的热点课题。

激光软钎焊中焊接工艺参数的选择将会决定最终的焊接质量，

1　此处仅为示例，在实际操作中，读者可根据需要更改要求。

在实际焊接加工过程中对于工艺参数的选择,通常通过试验来验证工艺的可行性。在焊接工艺参数优化方面通常可选用神经网络算法、遗传算法等优化算法。

AI 回答:

钎焊,作为现代焊接技术的重要支柱之一,与熔焊和压焊在原理上存在显著不同。具体来说,常规钎焊技术依赖于一种特定的工艺,即采用熔点低于母材的填充材料(即钎料),在加热温度低于母材固相线而高于钎料液相线的条件下,使钎料熔化并填充母材间隙,随后冷却固化形成牢固的接头。

激光钎焊的显著特点在于其钎料选择的广泛性。得益于激光技术的独特优势,激光钎焊对于钎料的熔点、合金成分等特性要求并不严苛,从而为无铅化后的钎料焊膏选择提供了更为丰富的空间。举例来说,对于无铅软钎料,其在超过 280℃ 的高温加工条件下,其他钎焊技术难以胜任加工任务,而高功率半导体激光器的应用则使得这一难题迎刃而解。尽管激光软钎焊技术尚处于发展阶段,但因其具有"选择性"钎焊的特点,其在微、细间距元器件的精密连接方面展现出巨大的潜力,成为当前国内外研究的焦点。

在激光软钎焊过程中,焊接工艺参数的选择对最终的焊接质量具有决定性作用。为确保工艺参数的合理性,实际操作中常通过试验验证其可行性。而在焊接工艺参数的优化方面,目前已有多种算法被广泛应用,如神经网络算法、遗传算法等,这些算法为实现更优质的焊接效果提供了有力支持。

7.3 论文排版的学术规范要求

论文排版格式对论文质量至关重要,它直接影响读者的第一印象和阅读体验。规范的排版能够清晰展示论文结构，使读者迅速抓住重点，提升论文的可读性和专业性。在同行评审过程中，格式规范的论文更容易获得评审者的青睐，增加论文发表的机会。因此，投入时间和精力确保论文格式正确，是提升论文质量和学术影响力的关键步骤。

1. 论文格式要求

论文格式要求包括但不限于以下几个方面。

论文结构：包括标题、摘要、关键词、引言、研究方法、结果、讨论、结论、参考文献等部分。

字体和字号：指定正文、标题、摘要、图表标题等的字体类型和大小。

行距和段落间距：规定行距和段落间距。

图表和插图：图表的编号、标题格式、插图的清晰度和尺寸要求。

引用和参考文献格式：指定引用文献的格式，如 APA、MLA、Chicago 等。

页边距和分栏：规定页面的上下左右边距和是否需要分栏排版。

作者信息排列：包括作者姓名、单位、联系方式等的排列方式。

2. 目标格式检索

不同的论文类型和收录单位对论文的格式要求不尽相同，论文作者必须严格按照论文收录单位的要求进行格式匹配和优化。一般情况，可以从以下几个渠道去搜索目标格式要求。

出版机构或会议官网：访问期刊的官方网站或会议的通知页面，通常可以找到详细的格式要求。

学术数据库：如 CNKI（中国知网）、Web of Science 等，查看已发表论文的格式。

学术写作指南：很多学术机构和大学图书馆会提供学术论文写作指南，其中一般包含格式要求。

国家标准：如 GB/T 7713.2—2022《学术论文编写规则》提供了学术论文编写的基本要求和格式规范。

学术服务网站：如 PaperPass 等，提供论文格式排版的指导和模板。

以下是来自《国际马克思主义研究学刊》公布的论文格式要求。

期刊稿件采用 MS Word 编辑，页边距设置为上 3cm、下 2.3cm、左 2.5cm、右 2.5cm，使用简体中文或英文，中文字体为宋体、英文字体为 Times New Roman，字号为 10Point，固定行距为 18 磅。投稿论文的整体构成及要求如下。

（1）文章标题：简洁明了，字数适中；宋体 14Point，加粗，居中。

（2）作者+单位：宋体 2Point，加粗，居中。

（3）作者简介：在单位后加星号用脚注的形式，具体内容包括但不限于单位、职称、研究方向和 E-mail；多人投稿时严格区分第一作者、第二作者、通讯作者等。

（4）目次：以插入文本框的形式只列出一级标题；目录（居中）及具体内容为宋体 12Point，加粗，两端对齐。

（5）中文摘要："摘要"宋体 10Point，不缩进，加粗；后跟摘要具体内容，宋体 10Point，两端对齐，以 6~10 行左右为宜。

（6）关键词："关键词"宋体 10Point，不缩进，加粗；关键词为 3~5 个，关键词之间用分号隔开，宋体 10Point，两端对齐。

（7）基金项目："基金项目"宋体10Point，不缩进，加粗，上空1行；论文如属基金或项目成果，请标注其名称及编号，宋体10Point，两端对齐。

（8）正文请按如下形式撰写。

Ⅰ.引言（一级标题序号用罗马数字，宋体12Point，加粗，居中，上下各空1行）

1.1（二级标题序号用阿拉伯数字，宋体11Point，加粗，左对齐，上空1行）

1.1.1（三级标题序号用阿拉伯数字，宋体10Point，加粗，缩进2个字，不空行）

Ⅱ……

Ⅲ……

Ⅳ……

Ⅴ……

（9）正文中图表标题：置于图表下方，宋体10Point，加粗，居中，上空1行，下空1行。

（10）注释：如对正文内容或者引文进行解释说明，采用当页脚注形式；序号采用1、2、3，通篇序号连贯，若脚注针对文中某特定词语，序号置于该词语右上角，若文字后有标点符号，则置于标点符号的右上角；脚注内容位于当页正文下方。

（11）引用：凡文中引用别人观点，请在文中用夹注形式。格式为：（作者姓名，年份：页码）。若属概括性介绍，论文可以只注作者姓（非西方人用姓名）+ 年份，例如（Ellise, 1985）、（万矧山，1994）、（文秋芳，2008）；若直接引用他人原话，应用双引号，并提供引文页码，例如"……"（Ellise, 1985:119）、"……"（万矧山，1994:28）。正文中出现作者时，括号中只注年份（或年份：页码），如 Ellise（1985）认为……，万切山（1994）认为……，文秋芳（2008）认为……，或者 Ellise（1985:119）指出"……"，万切山（1996:216）指出"……"，文秋芳（2009:24）指出"……"。

（12）参考文献：题头为宋体 12Point，加粗，居中，前后各空 1 行；参考文献按作者姓名首字母顺序排列并编号 [1]、[2]、[3] 等；中文在前，外文在后，同一作者的文献按出版时间先后排列；文后参考文献须与正文和注释中的条目对应，未在正文中引用的文献请勿列出。外文书名、所载期刊、报纸名等用斜体，实词首字母大写，外文论文篇名用正体，仅首字母大写。参考文献格式及示例如下。

A. 专著：[序号] 专著作者. 书名. 出版地：出版者, 出版年.

[1] CRUSE D A. Lexical Semantics[M]. Cambridge: Cambridge University Press, 1986.

[2] 聂珍钊. 文学伦理学批评导论[M]. 北京：北京大学出版社，2014.

B. 期刊/报纸：[序号] 文章作者. 文章题名. 刊名, 出版年, 卷（期）: 起止页码/[序号] 文章作者. 文章题名. 报纸名, 年-月-日（版面，可缺省）.

[1] ELLIS R. Sources of variability in interlanguage[J]. Applied Linguistics, 1985, 6(2): 118-131.

[2] 许钧. "创造性叛逆"和翻译主体性的确立 [J]. 中国翻译，2003, 1: 8-13.

C. 论文集：[序号] 析出文献作者. 析出文献题名. 论文集主编. 论文集名称. 出版地：出版者, 出版年：析出文献起止页码.

（ed.）表示论文集的编者，如果多位编者则用（eds.）表示，如果超过 3 位时，常用 et al. 表示省略。

[1] LAKOFF G. The contemporary theory of metaphor[C]. A. Ortony (ed.). Metaphor and Thought (2nd ed.). Cambridge: Cambridge University Press, 1993.

[2] VERMEER A. The relation between lexical richness and vocabulary size in Dutch L1 and L2 children[C]. Vocabulary in a Second Language: Selection, Acquisition and Testing. Amsterdam: John Benjamins, 2004.

[3] 怀特. 作为文学虚构的历史文本 [C]. 张京媛（编）. 新历史主义与文学批评. 北京：北京大学出版社, 1997.

D. 学位论文：[序号] 论文作者. 论文题名. 毕业学校，论文提交年.

[1] AVILEZ G W. The Wake of Blackness: Aesthetic Ambivalence and the Post-Black Arts Era[D]. University of Pennsylvania, 2009.

E. 电子期刊：[序号] 作者. 题名. 期刊名，出版年，期数：页码 获取和访问路径. [引用日期].

[1] KRASHEN S D. Second language acquisition and second language learning[M]. University of Southern California, 2002.

（13）英文标题：Times New Roman，14Point，加粗，居中，与中文标题对应。

（14）英文作者姓名以及工作单位：Times New Roman，12Point，加粗，居中。

（15）英文摘要："Abstract"Times New Roman，10Point，加粗、左对齐；后面直接接摘要内容，Times New Roman，10 Point，行距固定值 18 磅；英文摘要与中文摘要相对应。

（16）英文关键词："Keywords" Times New Roman，10 Point，加粗、左对齐；关键词以 3~5 个为宜，之间用分号隔开，各关键词首字母大写，Times New Roman，10Point，与中文关键词一一对应。

7.4　AI 辅助论文排版，又快又规范

AI 辅助论文排版不仅可以节省时间，还可以确保论文的专业性和符合期刊的投稿要求。然而，AI 目前还不能替代人工，特别是在处理格式要求复杂或特定期刊的独特排版需求时。因此，建议在使用 AI 排版后，进行人工审核以确保准确无误。在论文排版中，AI 可以在以下几个方面为作者提供辅助。

1. 目录和索引生成

AI 出现以前，论文的目录和索引需要人工进行添加和设置，稍不留神可能会导致目录索引出错，格式混乱。现在有了 AI，可以实现智能生成目录。以 WPS AI 为例，打开"引用"找到"目录"模块，就可以直接生成目录。如果正文部分发生了调整，也可以单击"更新目录"进行实时更新。

2. 参考文献格式标准化

以学位论文为例，参考文献少则几十篇，多则上百篇，不仅要保持格式一致，还要根据引用文献的不同类型进行分类整理和排序。如果人工调整不仅费时费力，还有可能出现信息错漏。借助 AI，可以快速实现参考文献的格式标准化。以下是参考文献格式标准化的提示词示例。

问:

请你扮演一位文献管理专家,帮我整理10篇参考文献,首先指出问题,其次按要求排序,具体需求如下。

来源明确:请确认所有参考文献的具体信息完整无误,包括作者姓名、出版年份、文章标题、期刊、期号,对于书籍还需出版社及出版地信息。

格式标准化:参照"李雪罡,李翔,王云龙. 焊接仿真技术应用研究 [J]. 中国设备工程, 2020(06): 164-165."执行。

细节准确:注意特殊情况下(如多作者、在线资源、无出版日期文献)的格式处理,确保每一处都符合学术出版的标准。

排序逻辑:按照作者姓氏字母顺序或出现顺序对文献进行排序。如果引用了同一作者的多篇文献,则按出版年份或文章标题排序。

检查与核对:完成格式标准化和排序后,进行细致检查,确保每一条参考文献的格式正确,排序逻辑无误,同时验证所有引用文献在文中是否有对应的出处。

需要整理的参考文献:略。

AI 回答:

首先,我会指出每个参考文献的格式问题,然后按照要求进行格式标准化和排序。

格式问题如下。

参考文献 [1] 中缺少出版年份。

参考文献 [2] 缺少出版年份和页码。

参考文献 [3] 缺少页码。

参考文献 [4] 缺少页码。

参考文献 [5] 缺少页码。

参考文献 [6] 缺少页码。

参考文献 [7] 缺少出版年份和页码，且提供了在线资源的链接，但链接内容无法访问。

参考文献 [8] 缺少页码。

参考文献 [9] 页码格式不正确，应为连续的页码。

参考文献 [10] 缺少页码。

格式标准化和排序如下。

按照作者姓氏字母的顺序排序，并按照出版年份或文章标题排列同一作者的多篇文献。

格式标准化后的参考文献如下。

[1] 蔡志强，袁美秀．伟大建党精神的内涵、形成机理与实践要求[J]．思想理论教育，2021(8): 4-11.

[2] 陈胜锦．生成逻辑·内涵解析·实践理路：中国共产党伟大建党精神的三维探赜[J]．西北民族大学学报（哲学社会科学版），2021(6): 15-25.

[3] 董振华．伟大建党精神的科学内涵与实践价值[J]．国企，2021(18): 12-14.

[4] 李思学．伟大建党精神的价值意蕴和时代薪传[J]．探索，2021(5): 38-49.

[5] 马报，王建华．中国共产党伟大建党精神的生成逻辑、结构维度及实现路径[J]．新疆师范大学学报（哲学社会科学版），2022, 43(01): 31-38.

[6] 蒲清平，何丽玲．伟大建党精神的内涵特征、时代价值与弘扬路径[J]．重庆大学学报（社会科学版），2022, 28(1): 12-22.

[7] 沈传亮，张成乐．伟大建党精神：特质、内涵与传承[J]．教学与研究，2021(10), 5-11.

[8] 沈壮海，刘灿．传承弘扬伟大建党精神[J]．中国高等教育，2021(Z2): 10-12.

[9] 王树荫，耿鹏丽．论伟大建党精神的历史定位、科学内涵与时代价值[J]．人民教育，2021(Z3): 20-25.

[10] 许金华．中国共产党伟大建党精神的生成逻辑及其现实启示[J]．南昌大学学报（人文社会科学版），2021, 52(5): 16-24.

3. 图表标题格式标准化

在论文中，为了更加清楚地展示实验过程、数据分析结果、产品图片等，需要使用大量的图与表，而这些图表的命名也是论文格式中需要调整的一部分。以下是图表标题格式标准化的提示词示例。

❓ 问：

请你扮演一位专业的图表设计师，帮我优化论文第一章的图题，确保其格式规范且信息表达清晰，具体要求如下。

统一风格：参照"图 1-5 传感单元分布类型"。

信息明确：确保每个图题能够简洁明了地概括图的内容，避免使用过于宽泛或模糊的描述，帮助读者快速理解。

编号系统：为每幅图添加连续且清晰的编号（章数－图片顺序数，如图 1-1、图 1-2……）。

图例与注释：检查并优化图中的图例说明，确保其清晰标注各项数据系列或对比组，必要时增加辅助性注释说明复杂概念或数据处理方法。

需要优化的标题：略。

🅰 AI 回答：

根据您的要求，我对论文第一章的图题进行了优化，确保它们既符合统一的风格,又能够清晰传达图中信息,具体如下。

图1-1 激光软钎焊工艺原理示意图(明确了"原理"部分,使标题更具体)。

图1-2 激光辐射能量作用机制解析(采用"机制解析"代替"作用机理",提高描述的精准度)。

图1-3 不同测温技术对比(在原基础上增加了"对比",强调图展示的是不同方法之间的比较)。

图1-4 传感单元配置模式分析(用"配置模式分析"替代"分布类型",以更专业的术语表述)。

图1-5 高速红外测温系统结构示意图(加入"结构"一词,明确图中重点在于展示系统构成)。

图例与注释优化提示如下。

确保每幅图的图例使用统一风格的图标和字体,且放置于图中不易遮挡关键信息的位置。

对于含有多个数据序列或复杂对比内容的图,图例应详细标注每种颜色或符号代表的具体含义。

在图下方或旁边增加必要的辅助性文字注释,解释复杂的实验条件、假设或数据处理过程,如"图1-2中虚线表示理论预测值,实线为实验测量结果"。

请检查上述修改是否满足您的需求,并提供进一步的指导或要求,以便进行最终的调整。

4. 智能样式匹配

以 WPS AI 为例,其内置的"文档排版"功能支持在线选择各大学的学位论文排版格式(如图7-1所示),用户选择好指定的学校后,WPS AI 就可以进行匹配并完成一键排版任务。此外,还可以通过导入范文来让 WPS AI 进行格式识别，WPS AI 识别范文格式后便可直接复制应用于需要排版的论文中。除了 WPS AI 可以实现 AI 辅助排版，百度出品的橙篇也可以实现格式整理（如图 7-2 所示），用户只需要上传自己的论文，便可以进入 AI 编辑界面，将字体、字号、页眉、页脚等目标格式输入编辑器，就可以完成格式设定。

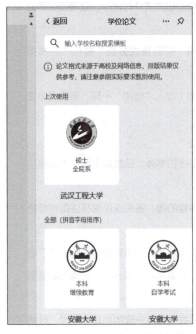

图 7-1　WPS AI 文档排版板块

图 7-2　橙篇格式整理板块

7.5　防止 AI 辅助写作导致查重率过高的 5 个中肯建议

随着 AI 辅助论文写作越来越成为趋势，很多高校、期刊均开始对 AIGC 检测提出要求。由于 AI 生成内容的基础来自已有的数据库，使用 AI 辅助论文写作之后，如不进行人工审核与修改，可能会出现重复率过高的问题。重复率过高的论文，可能会被认定为学术不端，不得作为学术成果进行公开发表。那么我们可以从以下几个方面对 AI 生成内容进行合理的控制。

（1）了解查重机制。AIGC 检测是指利用先进的算法和模型对文本内容进行分析，以判断其是否由 AI 模型生成。论文查重指的是通过查重系统检查论文与其数据库中已存储的论文、书籍等内容的相似度。如果重复率过高，可能会被认为是抄袭。

（2）AI 适度辅助。可以使用 AI 生成初稿或部分内容，但不要完全依赖 AI。将 AI 生成的内容作为参考，然后通过自己的理解重新描述，形成最终稿件。

（3）避免词语反复。一段话中同样的词出现过多，会被判定为 AI 生成的语言。因此，不要反复描述，也不要连续使用"首先""其次""综上所述"等词。如果必须使用，要避免连续出现在不同段落中。

（4）谨慎使用"短语+冒号"。"短语+冒号"类句式容易被误判为 AI 生成内容。可以将小标题与后续内容连在一起，或者在小标题前加上序号等以增加句子的丰富性。

（5）人工校验。AI 生成的内容一定要经过人工校验，以确保准确性。同时，谨慎使用 AI 引用的参考文献，建议自己整理需要引用的文本内容，并上传文件让 AI 进行引用和重写。

第 8 章

AI 辅助论文答辩，让毕业更轻松

针对学位论文，研究者除了需要撰写论文，还需要准备答辩。为了顺利地通过答辩，研究者需要用心地制作答辩PPT和撰写答辩稿。一般情况，答辩的内容要围绕论文的研究情况展开，主要包括自我介绍、选题的背景和意义、论文结构及内容、论文的创新点、论文结论。

8.1 妙问AI，论文秒变PPT大纲

如何使用AI将论文变成逻辑清晰的PPT大纲呢？下面以硕士学位论文《上海S留学服务公司市场营销策略优化研究》为例，演示利用AI快速生成PPT大纲的具体步骤，演示工具为Kimi。

第一步：将下载好的论文上传至AI。可以发送如下提示词让AI进行阅读和解析。

> **问：**
> 你是一位市场营销专业的资深研究学者，拥有该领域的丰富知识并擅长对论文进行归纳，现在请根据我提供的论文，将它整理成可以使用的PPT大纲。要求包括以下要素。
> 1. 研究背景（占10%篇幅）
> 2. 国内外研究现状（占10%篇幅）
> 3. 本研究的目的和意义（占10%篇幅）
> 4. 主要研究结果（主要内容，占60%篇幅）
> 5. 结论及展望（占10%篇幅）
>
> **AI回答：**
> 1. 研究背景（占10%篇幅）
> 留学业务发展20余年，市场成熟度高。

经济与生活质量提升，家庭对教育投资增加。

上海 S 留学服务公司面临市场营销策略调整需求。

2. 国内外研究现状（占 10% 篇幅）

国外市场营销学：从萌芽到多元扩展。

国内市场营销学：从引进到创新。

服务营销理论的发展与应用。

3. 本研究的目的和意义（占 10% 篇幅）

目的：优化 S 公司市场营销策略，使其适应市场需求变化。

意义：提升 S 公司竞争力，探索留学服务行业发展方向。

理论意义与实践意义的结合。

4. 主要研究结果（占 60% 幅篇）

4.1 行业现状与 S 公司基本情况

留学行业的发展历程与市场环境。

S 公司的发展历程、组织架构与目标市场。

4.2 现存问题与原因分析

服务类型单一，客户流失风险高。

个性化服务需求高，缺乏创新性促销方式。

传统宣传渠道失效，成本控制与人员结构存在问题。

4.3 市场营销策略优化

服务产品和项目完整化。

服务价格结构化，考虑心理定价与折扣策略。

服务促销多样化，利用广告、人员、工具和公共宣传。

服务渠道全面化，包括多地点策略与战略联盟。

服务人员专业化，优选与培训核心服务人员。

服务有形展示透明化，提升信任感。

服务流程合理化，采用生产线法与客户合作法。

4.4 保障措施

人员保障：专业运营与服务团队。

营销保障：加强品牌建设，多渠道营销模式。

资金保障：项目资金统筹与成本控制。

5. 结论及展望（占 10% 篇幅）

结论：研究为 S 公司提供了一套适应市场变化的市场营销策略。

展望：留学市场持续变化，S 公司需建立灵活的市场调整机制。

长期视角：不断优化策略，适应客户需求与市场发展。

第二步：将大纲转化为 PPT 页面内容。可以发送如下提示词让 AI 将 PPT 内容设计成 Markdown 代码格式。

> **问：**
>
> 请根据以上总结内容，使用 Markdown 代码格式进行该论文答辩演示文稿的大纲和内容撰写。请保障信息准确性，不对我提供的论文内容进行扩写，演示文稿要重点突出研究对该领域的贡献和创新性，大纲结构化，包含至少 10 张幻灯片。

> **AI 回答：**
>
> # 上海 S 留学服务公司市场营销策略优化研究
>
> ## 幻灯片 1：封面
>
> - 标题：上海 S 留学服务公司市场营销策略优化研究
> - 作者：×××
> - 指导老师：×××副教授
> - 所属院系：经济与管理学院
> - 提交日期：2023 年 11 月 25 日
>
> ---

幻灯片 2：研究背景
- 留学业务发展 20 余年，市场成熟度高
- 家庭对教育投资增加，留学需求增长
- S 公司面临市场营销策略调整需求

……

第三步：如需对部分内容进行扩充和删减，可以发送如下提示词让 AI 进行调整和优化。

❓ 问：
根据你的设计，主要研究结果包括幻灯片 5~11，这部分是论文的主体部分，我想要你将这部分的幻灯片内容进行扩展，请你重新设计这部分。

AI 回答：
幻灯片 5：SWOT 分析详述
优势（Strengths）
- 服务全面性：涵盖留学前中后各阶段服务
- 专业性：高学历团队，海外经验
- 成功率：高录取率，良好口碑

劣势（Weaknesses）
- 市场宣传：缺乏有效的品牌推广
- 销售能力：需提升销售技巧和客户沟通技巧
- 成本控制：服务成本管理有待优化

机会（Opportunities）
- 政策支持：国家鼓励留学的政策

- 市场需求：经济增长带动教育投资

威胁（Threats）

- 行业竞争：同业竞争激烈，异业竞争增加

幻灯片 6：STP 分析与市场定位

市场细分（Segmenting）

- 按年龄、收入、教育需求细分市场

目标市场（Targeting）

- 确定目标消费群体特征

市场定位（Positioning）

- 塑造 S 公司在留学服务市场的品牌形象

……

幻灯片 11：结论与展望

结论

- 营销策略优化对 S 公司发展至关重要

展望

- 建立灵活的市场调整机制，应对未来市场变化

持续优化

- 不断提升服务质量，增强公司竞争力

第四步：如果需要添加 PPT 素材，可以发送如下指令让 AI 进行处理。

> 问：
>
> 请将我发送给你的内容，提炼总结，以表格的形式呈现。发送的内容：
>
> 着力提升城市能级，完成"三区三线"划定，新增城镇建设用

地35平方公里。30条市政道路完工，新增停车位2万个、充电桩3 600个，国内首条城市"空轨"全线贯通，武汉东站开通运营，实现武汉都市圈铁路公交化运行。全面落实环卫作业资质审批告知承诺制度，深化路长制、燃气安全等专项工作，探索实施"双十清零"工作模式，全面推进城市运行精细化管理和"一网统管"。着力改善生态环境，深入开展蓝天、碧水、净土三大行动，全面落实河湖长制、林长制，完成中央环保督察和长江警示片反馈问题年度整改任务。加快推进生态文明示范区和海绵城市建设，扎实推进低碳行动，推动城市数字化、智慧化转型发展。着力提高城市安全韧性水平，坚持党建引领社区治理创新，深入开展美好环境与幸福生活共同缔造活动，建成全省首家数字经济党群服务中心，打造智苑社区共享客厅、黄龙山蚓窍诗社等系列品牌。深入开展安全生产、自建房安全等专项整治活动。完成区—街道—社区三级综治中心信息化改造一期项目，全面整合综治信息平台，提升社会治理效能，平安光谷建设成效明显。

AI 回答:

主要领域	具体措施与成就
城市发展与基础设施建设	完成"三区三线"划定 新增城镇建设用地35平方公里 30条市政道路完工 新增停车位2万个、充电桩3 600个 国内首条城市"空轨"全线贯通 武汉东站开通运营，促进铁路公交化运行

续表

主要领域	具体措施与成就
城市管理与服务优化	全面落实环卫作业资质审批告知承诺制度 深化路长制、燃气安全等专项工作 探索实施"双十清零"工作模式 全面推进城市运行精细化管理和"一网统管"
城市生态环境改善	深入开展蓝天、碧水、净土三大行动 全面落实河湖长制、林长制 完成中央环保督察和长江警示片反馈问题年度整改 牛山湖荣获武汉市"美丽河湖"优秀案例 加快推进生态文明示范区和海绵城市建设 推动低碳行动，促进城市数字化、智慧化转型
社会治理与安全韧性	坚持党建引领社区治理创新 深入开展美好环境与幸福生活共同缔造活动 建成全省首家数字经济党群服务中心 打造系列社区品牌，如智苑社区共享客厅、黄龙山蚓窈诗社 深入开展安全生产、自建房安全专项整治活动 完成区一街道一社区三级综治中心信息化改造一期项目 全面整合综治信息平台，提升社会治理效能，平安光谷建设成效显著

8.2 使用 AI 一键生成 PPT，提高效率

基于整理好的 PPT 大纲，我们可以将大纲文字或者 Markdown 格式的代码上传给 AI 生成 PPT。以 AiPPT 为例，其支持文件上传、Markdown、自由输入等输入方式（如图 8-1 所示），在生成 PPT 的

过程中，可以任意选择模板场景、设计风格、主题颜色等（如图 8-2 所示），单击"确定"便可以得到完整的 PPT（如图 8-3 所示）。

图 8-1 AiPPT 输入界面

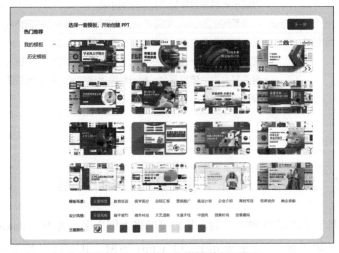

图 8-2 AiPPT 模板选择界面

图 8-3　AiPPT 生成的 PPT

相较于传统的 PPT 制作方法，AiPPT 能够根据展示内容灵活地进行排版和统一配色。PPT 制作完成后，还可以进行自由编辑。

除了 AiPPT，还有 WPS AI、讯飞智文及 ChatPPT 等工具可以实现智能生成 PPT。尽管目前 AI 生成的 PPT 不能完全满足论文作者的要求，但是可以解决 PPT 制作环节中的一些问题，从而节省时间、提高效率。

8.3　AI 辅助撰写答辩稿，让答辩胸有成竹

答辩稿即答辩人主动向评委介绍论文研究情况的稿件，是辅助答辩人准备正式答辩的文字性材料。答辩稿一般包含自我介绍、选题的背景和意义、论文结构及内容、论文的创新点、论文结论等内容。使用 AI 辅助撰写答辩稿的提示词示例如下。

> 问：
>
> 请你扮演答辩辅导老师，帮我设计硕士学位论文答辩稿。要求：

①包含自我介绍、选题的背景和意义、论文结构及内容、论文的创新点、论文结论等内容；②语言上体现专业性，讲述结构鲜明、逻辑清晰；③注意使用礼貌用语，适当表达对评委的感谢。参考资料如下：略。

AI 回答：

尊敬的各位评委、学术界的专家们：

大家好！我是×××，今天非常荣幸在此就我的硕士学位论文《上海 S 留学服务公司市场营销策略优化研究》进行答辩。接下来，我将从研究背景、国内外研究现状、研究目的与意义、主要研究结果以及结论与展望几个方面，简要介绍我的研究工作。

一、研究背景

随着我国经济的快速发展和人民生活水平的提高，越来越多的家庭愿意投资于子女教育，留学市场因此蓬勃发展。然而，……。

二、国内外研究现状

在市场营销领域，国外的研究经历了从萌芽到多元扩展的过程，而国内研究则从引进、消化、吸收发展到创新。服务营销理论的发展为服务行业提供了重要的理论支持。

三、研究目的与意义

本研究旨在优化 S 公司的市场营销策略，使其适应市场变化，提升公司竞争力。这不仅对 S 公司的长远发展具有重要意义，也为同行业的市场营销实践提供了理论指导和实践参考。

四、主要研究结果

在行业现状与 S 公司基本情况方面，我分析了留学行业的发展历程、市场环境，以及 S 公司的发展历程、组织架构和目标市场。

在现存问题与原因分析方面，我通过问卷调查，识别了服务类型单一、个性化服务需求高、缺乏创新性促销方式等问题，并深入探讨了其背后的原因。

在市场营销策略优化方面,我提出了服务产品和项目完整化、服务价格结构化、服务促销多样化、服务渠道全面化、服务人员专业化、服务有形展示透明化以及服务流程合理化等策略。

为保障营销策略的实施,我提出了人员保障措施、营销保障措施和资金保障措施。

五、结论与展望

通过本研究,我为 S 公司提供了一套适应市场变化的营销策略。展望未来,留学市场将持续变化,S 公司需要建立灵活的市场调整机制,以应对不断变化的市场需求。

最后,我要感谢我的导师 ×× 教授的悉心指导,以及所有支持我研究工作的同仁。我相信,通过我们的共同努力,S 公司能够实现良性持续发展,为更多家庭提供优质的留学服务。

感谢各位评委的聆听,我期待您宝贵的意见和建议。谢谢大家!

8.4　AI 模拟答辩,帮你轻松应对评委提问

答辩稿可以让论文作者对自述部分胸有成竹,但是除了自述还有更重要的环节,就是对评委提出的问题进行解释。论文作者想要在答辩中表现得轻松自如,可以尝试借助 AI 进行模拟训练,这不仅可以对评委的提问做好充分的预判,适应答辩的紧张氛围,还可以通过 AI 提供的答辩反馈,有针对性地进行调整和改进,提升答辩的表现。

以下是操作示范。

❓ 问：

请你扮演一位资深的论文答辩评审专家，针对我的论文进行提问，帮我进行答辩模拟。你将主要围绕以下3个方面的内容来进行提问。

1. 功能性提问：针对研究设计，为什么要用某方法？
2. 重要性提问：针对研究贡献，这个研究问题重要吗？
3. 弱点性提问：针对研究局限，这个结论有没有推广性？

请你向我提问，当一类问题已经进行充分讨论后，再进入下一类问题。

请你与我对话，每次从你开始提问，根据我的回答，提出你的下一个问题。

请你将问题讨论范围严格限制在我发给你的论文，不要自行拓展。

待所有问题都回答完毕，请你对我的答辩给予评价，并给出改进建议。

🅰️ AI 回答：

评审专家：您好，首先我想了解的是，在您的研究中，您选择了问卷调查作为主要的数据收集方法。请问为什么要使用这种方法，而不是其他的方法，例如深度访谈或观察研究？

答辩者：选择问卷调查是因为它能高效地收集大量客户反馈，为我提供关于市场趋势和客户需求的宏观视角。尽管深度访谈和观察研究能提供更深入的见解，但它们在时间和成本上的限制较大，且可能无法覆盖广泛的样本。问卷调查允许我标准化问题，确保数据的一致性，并能快速整理和分析结果。

评审专家：您提到了问卷调查能够覆盖广泛的样本，这确实是一种优势。但问卷调查可能缺乏深度信息，您是如何平衡这种定量数据广度和定性数据深度的需求的?

答辩者：为了平衡这一点，我在问卷中设计了开放式问题，允许受访者提供详细的反馈。此外，我也进行了一些案例研究和深度访谈，以补充问卷调查的数据，确保我能够获得更全面和深入的理解。

……

答辩评价与建议

评审专家：您的答辩表现显示出对研究主题的深刻理解，准备充分。以下是我的一些建议。

（1）功能性提问：您的回答清晰地解释了选择问卷调查的原因，但在未来的研究中，建议考虑结合定性研究方法以获得更深层次的见解。

（2）重要性提问：您对研究重要性的阐述很有说服力，建议进一步探讨如何将研究成果转化为具体的政策或决策工具。

（3）弱点性提问：您对策略的推广性和跨文化适用性进行了思考，建议在未来的研究中更详细地探讨不同环境下的策略调整。

总体来说，您的答辩表现是出色的，对研究内容掌握深入。继续深化研究，考虑更多的维度和变量，将有助于提高研究的深度和广度。

通过观察以上过程，我们可以看到 AI 不仅可以模拟答辩的全过程，还能对答辩的表现进行点评，为答辩者提供参考。除此之外，论文作者可以根据自己的实际情况，要求 AI 提供更多样化的问题和答辩服务。

第 9 章

论文检测与投稿

当论文撰写工作圆满完成后，便可以进入提交和投稿的正式流程了。在此之前，论文作者必须进行重复率及 AIGC 率检测，以确保论文的原创性和学术诚信。若需要将论文发表在学术期刊上，则需要精心挑选与论文主题紧密相关的期刊。选定投稿目标期刊后，需遵循该期刊的具体投稿指南，撰写规范的投稿信函。在投稿后，可能会收到编辑对论文的处理意见，此时，论文作者需要及时回复意见，直至投稿完成。

9.1 论文查重常用的网站

论文查重的本质就是通过算法将论文与数据库中的内容进行对比，不同的查重平台有不同的数据库，查重结果自然也不太相同。

各类查重指标的含义如下。

（1）去除本人已发表文献复制比：去除了作者本人已发表的文献之后，计算出来的重合字数在该检测文献中所占的比例。

（2）去除引用文献复制比：去除了作者在文中标明了引用的文献后，计算出来的重合字数在该检测文献中所占的比例。

（3）总文字复制比：被检测文献总的重合字数在总的文献字数中所占的比例。

（4）单篇最大文字复制比（含篇名）：被检测文献与所有相似文献比对后，重合字数占该检测文献总字数的比例最大的那一篇文献的文字复制比。这一指标体现了被检测文献与单独的文献的比对情况，可直观反映被检测文献是否存在大篇幅地与某一篇文献重合的情况。

目前比较受欢迎的论文查重网站主要有以下几个。

1. 中国知网查重服务系统

中国知网查重服务系统是较权威的本、硕、博学位论文检测系统,也是高校采用较多的查重系统。该系统的界面简洁清晰,系统稳定。该系统能快速完成检索和查重对比,可以让用户节省大量时间,不仅能对文字的重复内容进行分析,还能评判观点是否抄袭及实现跨语言查重等功能。中国知网查重服务系统登录界面如图9-1所示。

图9-1 中国知网查重服务系统登录界面

2. 万方检测文献相似性检测服务

万方检测的数据库涵盖了期刊、会议纪要、学位论文、学术成果等各种类型,还有一些特色数据库,如地方志、科技视频等数据库。万方检测数据库收录的核心期刊比例高,内容以自然科学领域为主,兼顾人文社科等领域,适合理工科院校使用。万方检测自建的独家数据库具有较强的针对性,在自然科学领域尤其是医学方面的文献收录得较完备。此外,万方检测的第二代文献相似性检测服务产品开始提供网文对比服务,查重比对范围逐渐扩大。万方检测文献相似性检测服务官网如图9-2所示。

图 9-2　万方检测文献相似性检测服务官网

3. 维普论文检测系统

维普数据库收录的国内外期刊和报纸网络总文献量已近亿篇,维普还提供学位论文数据库、部分高校特色数据库、外文数据库,如 Emerald、HeinOnline、JSTOR 等。维普论文检测系统分为大学生版、研究生版、职称认定版、编辑部版 4 类,这 4 类有各自的适用场景,用户可以根据自己的不同论文来选择不同的版本。维普论文检测系统如图 9-3 所示。

图 9-3　维普论文检测系统

4. PaperPass

PaperPass 诞生于 2007 年,是中文文献相似度比对系统,目前已经发展成为一个权威、可信赖的中文文献原创性检查和预防剽窃的在线网站。PaperPass 致力于学术论文的检测,具有分布式云计算、对比库、上传文件、下载报告、引用率统计等功能。其优点是查询费用较低,经常举办活动赠送查询字数。PaperPass 登录界面如图 9-4 所示。

图 9-4　PaperPass 登录界面

5. 超星大雅相似度分析

超星大雅相似度分析系统凭借独有的中文图书全文资源,实现了中文图书的相似度分析,填补了其他论文检测工具在中文图书上的空白。同时,超星大雅相似度分析系统包含报纸、海量网络资源等比对库,可以为用户提供全面的相似文献信息。如果使用学习通账号登录,则有 5 次免费查重机会。超星大雅相似度分析官网如图 9-5 所示。

图9-5　超星大雅相似度分析官网

6. PaperYY免费论文查重平台

PaperYY免费论文查重平台收录了超过9 000万篇学位论文,并有一个数量超过10亿的互联网网页数据库,主要用于网络论文的查重,对学术论文收录得不是很多。用户每天可以通过PaperYY免费查重一次,且查重字数不限。除论文查重外,PaperYY还有论文降重和一键纠错等功能。PaperYY免费论文查重平台登录界面如图9-6所示。

图9-6　PaperYY免费论文查重平台登录界面

9.2 反 AI 代写的 AIGC 检测服务系统

AI 在论文写作中的应用越来越广泛，导致新的学术不端问题出现。目前，多所高校和期刊已经声明要严查 AI 代写论文的行为。在论文审核过程中，仅仅凭借教师和审稿人人工识别论文是否为 AI 代写已经显得力不从心了，为了应对这一监管需求，多个公司研发了 AIGC 检测服务系统，例如 GPTZero、CheckforAI、Crossplag AI Content Detector 等。

以下将重点介绍大多数高校引入的知网 AIGC 检测服务系统（如图 9-7 所示）。

图 9-7　知网 AIGC 检测服务系统登录界面

知网 AIGC 检测服务系统基于高质量文献大数据资源，利用预训练大模型的算法快速、准确识别学术文本中的 AI 生成内容。表 9-1 所示为知网 AIGC 检测服务系统基本情况。

表 9-1　知网 AIGC 检测服务系统基本情况

检测范围	覆盖国内外主流大模型
检测对象	以学术文本为检测对象 目前可支持中文、英文内容的检测
检测速度	单篇文献可秒出报告
检测准确率	准确率较高，不同模型在检全率方面稍有差异

该系统主要有以下几个特点。

（1）知识增强 AIGC 检测技术。知网 AIGC 检测服务系统的检测技术以知网结构化、碎片化和知识多元化的高质量文献大数据资源为基础，结合先进的知识增强大模型技术和自然语言处理算法，同时对比语言模式和语义逻辑，可快速、准确识别包括期刊论文、学位论文、专著和科研成果等在内的学术文本中的 AI 生成内容。

（2）界面简洁易用，轻松追踪检测进度。系统操作界面简洁易懂，操作简单方便。用户可通过检测结果列表轻松追踪检测进度，了解检测结果详情。知网 AIGC 检测服务系统操作界面如图 9-8 所示。

图 9-8　知网 AIGC 检测服务系统操作界面

（3）智能生成可视化报告单。系统会可视化呈现全文检测结果与分布比例、疑似 AIGC 片段分布图等，实现对从数据到文本内容的全方位监控与管理，确保检测效率和可信度。知网 AIGC 检测结果报告单样例如图 9-9 所示。

（4）无缝嵌入多个业务系统。为更好助力高校高质量人才培养，知网 AIGC 检测服务系统已陆续实现在大学生毕业设计（论文）管理系统、课程学习全过程综合培养平台、大学生论文检测系统、学位论文学术不端行为检测系统、学位论文送审平台等人才培养全过程管理系统中的无缝嵌入；在多所"双一流"高校、科研机构及政府部门中开展深度应用，助力维护学术诚信、保护知识创新。

图 9-9　知网 AIGC 检测结果报告单样例

9.3　使用智能选刊，高效完成论文投稿

论文定稿后，就可以进入寻找期刊的环节。随着数字化程度加

深和 AI 技术的深度应用，很多数据库能实现智能投稿，为研究者提供更加高效的服务。比如青泥学术的智能投稿系统、中国知网的智能选刊系统、万方数据的刊寻、爱思唯尔的 Journal Finder、Web of Science 的 Match Manuscript 等。以下将重点介绍万方数据的智能选刊系统——刊寻。

刊寻凭借权威的期刊数据库，全面覆盖学术期刊的研究方向、论文主题及影响力等信息。结合先进的机器学习算法，它能精确地将论文主题与期刊研究方向相匹配，提供个性化的投稿建议与预测。此外，刊寻与众多知名期刊建立了紧密合作的关系，能够为研究者提供高效、直接的投稿渠道，提高投稿效率与成功率。

刊寻的三大核心功能为智能匹配、学科速览、精准查刊，使用要点如表 9-2 所示。

表 9-2　刊寻的核心功能及使用要点

核心功能	使用要点
智能匹配	已有论文，输入论文信息进行期刊匹配
学科速览	未定方法，先选择学科，了解领域内的期刊情况
精准查刊	确定目标，直接通过刊名、刊号查询具体期刊

以论文《电子元器件高密度引线的激光控温软钎焊关键技术研究》为例，我们将论文标题、关键词或摘要输入智能匹配对话框（如图 9-10 所示）后，刊寻为我们找到了适合投稿的期刊清单（如图 9-11 所示），在刊物下方单击"去投稿"按钮，就可以查询到投稿方式了。

图 9-10　刊寻智能匹配对话框

图 9-11　刊寻智能匹配结果

9.4　AI 辅助撰写投稿信

投稿信是投稿人向期刊编辑展示论文研究价值和与期刊的匹配度

的媒介，一封精心构思的投稿信有助于提升论文的吸引力，增加进入同行评审的机会。一封完整的投稿信包括如下要素：

（1）作者和单位介绍；

（2）论文标题；

（3）论文主要内容；

（4）论文符合该期刊读者对象的理由；

（5）论文无一稿多投和作者利益冲突等声明；

（6）作者署名落款。

投稿信中应避免如下内容：

（1）夸大研究结果或意义；

（2）过度美化自己或团队；

（3）过多行业术语或缩写；

（4）太过冗长的介绍（通常总体不超过一页纸）。

熟悉了撰写投稿信的要点，我们可以将相应要求变成提示词，发送给 AI 来辅助撰写，具体可以参考以下提问方式。

> ? 问：
>
> 我想向《红楼梦学刊》投稿一篇学术论文，请你扮演一位经验丰富的期刊编辑，帮我撰写一封投稿信，要求：阐明论文符合期刊要求的理由并承诺无一稿多投的现象，语言风格简洁明快。
> 参考信息如下。
> 论文题目：《红楼梦》的人物韵文与小说的叙事结构。
> 摘要：《红楼梦》的人物韵文大致分为宴饮酒令、诗会题咏和个人的即兴咏叹三类。人物的吟咏活动不仅是小说的故事和情节，而且大体上起、承、转、合，自成线索和结构。某些吟

咏活动也是小说结构的重要支点，对小说的叙事起到了界画作用。人物韵文与小说的叙事共同构造了整部小说庞大的叙事结构。

作者及单位：张三 ××大学

联系方式和地址：010-××××××，北京市朝阳区×××街道××大学

AI 回答：

《红楼梦学刊》编辑部：

您好！

我是××大学的张三，现向贵刊投稿一篇学术论文，题目为《〈红楼梦〉的人物韵文与小说的叙事结构》。我认为本论文高度符合《红楼梦学刊》的发表要求，并承诺此稿件为原创作品，未曾在其他任何期刊或平台发表，不存在一稿多投的情况。

本论文深入探讨了《红楼梦》中的人物韵文如何与小说的整体叙事结构紧密相连。通过对宴饮酒令、诗会题咏以及个人的即兴咏叹等韵文的详细分析，揭示了这些韵文在小说叙事中的重要作用。论文展示了人物的吟咏活动如何自成线索和结构，并成为小说叙事的重要支点，与小说的叙事共同构建了一个庞大的叙事框架。

我坚信，这一研究不仅深化了对《红楼梦》文学艺术价值的认识，也为红学研究领域提供了新的视角和见解。这与《红楼梦学刊》一直以来致力于推动红学研究和传播红楼梦文化的宗旨高度契合。

因此，我诚挚地希望贵刊能够考虑发表本论文，为红学研究领域贡献一份力量。

我的联系方式如下。

电话：010-××××××

地址：北京市朝阳区×××街道××大学

期待您的回复,谢谢!

张三

××大学

××××年××月××日